Schüßler-Salze für den Hund

– so wichtig –

Heike Ochel-Herwig

Schüßler-Salze für den Hund

– so wichtig –

Bibliografische Information der Deutschen Nationalbibliothek:
Die Deutsche Nationalbibliothek verzeichnet diese Publikation
in der Deutschen Nationalbibliografie;
detaillierte bibliografische Daten sind im Internet über
http://dnb.d-nb.de abrufbar.

Satz, Umschlaggestaltung, Herstellung und Verlag:
Books on Demand GmbH, Norderstedt
ISBN: 978-3-8448-6966-8

Inhaltsverzeichnis

Hündin oder Rüde, das ist hier die Frage

Bitte haben Sie Verständnis, dass ich in diesem Buch anstelle von Hündin oder Rüde immer nur von »Hund« spreche. Entschuldigen Sie mich bitte bei Ihrem Vierbeiner, aber so lässt es sich einfacher schreiben und auch lesen. Vielen Dank für Ihr Verständnis.

Vorwort

Das Leben ist genau das, was immer dann stattfindet, wenn wir es nicht geplant haben. So war ich beschäftigt, ein Buch über Pferde zu schreiben, als ich mit einem jungen Mann namens Falk beruflich zu tun bekam. Falk ist Hundetrainer und hat natürlich mit vielen Hunden zu tun. Ihm fiel auf, dass, egal mit welchem Hund er trainierte, die Hundehalter immer wieder über kleinere oder größere Krankheiten sprachen. Der Hundetrainer suchte mich auf und wollte die Meinung von mir als Mineralstoffberaterin dazu hören. So führten wir über viele Hunde, die er trainierte, ein Gespräch über dessen Krankheit. Und so kam es, dass immer mehr Trainingshunde von ihren Besitzern die von mir empfohlenen Mineralstoffe zugeführt bekamen. Wir stellten rasch fest, dass sich viele gesundheitliche Störungen oder manchmal auch Verhaltensprobleme bei den Hunden auflösten. Falk war es, der mich drängte, doch endlich ein Buch über Schüßler-Salze für Hunde zu schreiben. Erst weigerte ich mich, doch dann habe ich in mich gehört und festgestellt …

Das Erste, was ich zu Gesicht bekam, waren wohl meine Mama und mein Papa. Mit ein paar Lebensstunden hatte ich den ersten Kontakt zu einem Hund namens »Harras«, der bei der Hausgeburt vor der Zimmertüre wartete. Er behütete und beschützte mich ab dem ersten Tag.

Als Harras durch einen Unfall tödlich verunglückte, kam mein Dackel »Anka«. Auch Anka hat mich in meiner Kinderzeit lange begleitet. Anka wurde immer älter, und es gesellte sich ein zweiter Dackel dazu namens »Flegel«. Sein Name machte ihm alle Ehre. Schade nur, dass die Natur den Hunden eine geringere Lebensdauer als uns Menschen geschenkt hat. Flegel musste auch über die Regenbogenbrücke auf die große Hundewiese gehen.

Ich stellte schnell fest: Ohne Hund läuft hier nichts. Es fehlt jemand in der Familie. So traf die Boxerhündin »Donna« mich mitten ins Herz. Sie lebte in unserer Familie bis 1993.

Danach wollte ich aus beruflichen Gründen »nie wieder« einen Hund. Das dauerte 1 ½ Jahre. Und die waren, wie ich feststellen musste, doch sehr »anders« als mit Hund an meiner Seite. Beim Lesen einer Zeitung fiel mir ein Bericht über ein Tierheim in die Finger. Welpen waren abzugeben. Da musste ich hin. Gelesen, Familie überzeugt und getan.

Wir kamen nach Hause mit einem Mischlingswelpen mit sehr großen Pfoten. Unser Sohn Ben taufte ihn »Max«. Max war die treue Seele unseres Hauses und auch Hofes, auf dem die Großfamilie mit 7 Pferden, Hase und Katze lebt.

Meine Tochter Kim-Stella kam im April 2005 mit der Bitte: »Mama, ich habe so einen süßen Welpen gesehen, darf ich den mitbringen?« Ich antwortete stur: »Nein, unser Max hat so viel zu tun, Haus, Hof und Pferde hüten, eine Katze hat er großgezogen, jetzt reicht es. Er ist auch nicht mehr der Jüngste.« Gesundheitlich ging es ihm gut, da er ja mineralstoffmäßig gut versorgt wurde. Doch leider hatte Max auch etliche Unfälle, die ihm körperlich doch teilweise sehr zu schaffen machten.

Wir merkten, Max hatte irgendwie keine wirkliche Lebenslust mehr. Samstags habe ich noch im Beisein von Max mit meiner Tochter gesprochen, dass, solange Max als Familienmitglied bei uns ist, wir ihm nicht noch einen Welpen zum Aufpassen und Erziehen vorsetzen können. Meine Tochter hatte Verständnis, und somit war das Thema »Noch ein Hund in unserem Haus« erledigt, und zwar genau bis einen Tag später. Max legte sich sonntags auf seinen

Lieblingsplatz auf der Wiese und schlief ein, ohne wieder wach zu werden.

Max hatte Platz gemacht für ein junges Hundemädchen namens Chiron (Scheiron), das montags bei uns einziehen durfte. Sie hat uns gezeigt, dass wir Menschen die Hundesprache schneller erlernen, als unsere Hunde deutsch lernen können. Doch leider war Chiron nur drei Jahre bei uns, als sie von einem Auto überfahren wurde. Danach sollte es nie wieder einen Hund geben.

Das hat genau vier Wochen gedauert. Wir stöberten nur mal so im Internet nach Hunden, die abzugeben waren, als unsere Bernhardiner-Leonberger-Mix-Hündin uns auf einem Foto anschaute, und schon stand der Entschluss fest: Dieses Mädel wird in Berlin abgeholt und zieht bei uns ein. So wurde Iggi zu unserem neuen Familienmitglied.

Chiron war und Iggi ist die Hündin, die uns so viel Freude bereitet, dass wir Menschen verstanden haben, dass ein Zusammenspiel von Gesunderhaltung und artgerechtes Verständnis für Hunde von so großer Bedeutung sind. Dieses Wissen gebe ich gerne in diesem Buch weiter, welches Sie nun in Ihren Händen halten.

Ich kenne jemanden, der Ihnen danken wird, wenn Sie dieses Buch lesen und auch anwenden. Sie auch? Ganz bestimmt. Ihr Hund!!

Was erwartet Sie in diesem Buch?

Mit diesem Buch möchte ich Ihnen viele meiner Erfahrungen weitergeben. Mein Wissen habe ich den vielen Hunden und vor allem den Hundehaltern zu verdanken, die zur Beratung zu mir gekommen sind und noch immer kommen. So wurde ich immer wieder angesprochen, einen Leitfaden für die Anwendung mit Schüßler-Salzen für Hundehalter zu schreiben. Damit würde nicht nur den Hunden geholfen, deren Herrchen oder Frauchen mich kennen, sondern auch den vielen Hunden, deren Besitzer sich ein besseres Wohlbefinden für ihren Hund wünschen. Mit diesem Buch haben Sie die Möglichkeit, entweder das Buch Seite für Seite zu lesen, sich nur die einzelnen Themen anzuschauen, die gerade für Sie und Ihren Hund wichtig sind, oder Sie suchen sich nur das jeweilige Krankheitsbild heraus, welches Ihren Hund betrifft.

Die Krankheitsbilder von A – Z finden Sie im hinteren Teil des Buches alphabetisch aufgelistet. Dieses Buch ist ein gesundheitlicher Leitfaden, der immer zur Hand liegt und Rat gibt. Ein ganzes Hundeleben lang.

Gesundheitsvorsorge

Als sehr gutes Hilfsmittel hat sich die Bioresonanzanalyse erwiesen. Sie basiert auf dem Grundsatz, dass eine Erkrankung den materiellen Organismus bereits befallen hat, jedoch noch nicht zum Ausbruch gekommen ist. Der den Körper umgebende Frequenzbereich und die Informationen in den Zellen haben bereits die Information einer Krankheit gespeichert, die mit der Bioresonanzanalyse zu einem Zeitpunkt erfasst werden kann, bevor diese zum Ausbruch kommt.

Mit diesem System kann durch die Bioresonanzanalyse jeder Organismus auf gewesene, vorhandene und sich entwickelnde Störungen getestet und analysiert werden.

So kann Gesundheitsvorsorge betrieben werden, da Krankheitssymptome bereits zu einer Zeit einer Ursache zugeordnet werden können, wo sie für die Schulmedizin noch nicht wirklich zu erfassen sind. Die Bioresonanzanalyse wird bei Hunden meist durch eine Speichelprobe durchgeführt. Gleichzeitig kann durch die Bioresonanzanalyse das Futter, die Naturheilmittel oder die Medikamente auf die Verträglichkeit ausgetestet werden.

Krankheitsentstehung aus ganzheitlicher Sicht

Während meiner beratenden Tätigkeit wurde mir sehr bald klar, dass auch unsere Hunde nicht noch mehr Medikamente brauchen.

Denn ein Organismus, der nicht einmal mehr krank sein darf, der zugemüllt wird mit Medikamenten, falschem Futter, Impfungen usw., der sucht sich irgendwann ein anderes Ventil. Mit Vorliebe ist das die Haut, bis letztendlich Hautprobleme, Ekzeme oder die Allergie diagnostiziert werden.

Was passiert mit einem Mülleimer, in den man alles hineinstopft? Irgendwann ist er voll. Und dann? Muss er geleert werden oder er läuft über. Was machen wir mit unseren Hunden? Wir stopfen, teilweise ohne zu wissen, was wir hineinstopfen, alles hinein.

Mülleimer Wuff

Es ist so wichtig, dass wir nicht noch mehr Medikamente benutzen und brauchen. Wir müssen letztendlich mehr Verantwortung für uns selbst, unsere Tiere und unsere Natur übernehmen. So können wir wieder Vertrauen in die Natur und in die Selbstheilungskräfte des Lebens stecken. Wenn wir immer nur versuchen, Krankheit und Altwerden aus der Welt zu schaffen, kommen immer mehr neue Krankheiten auf.

Der Hund einer Freundin war ein so genannter Allergiker. Dieser Hund hatte so massive Hautprobleme, dass er vom Tierarzt immer wieder Cortison gespritzt bekam, wenn das Jucken auf der Haut so schlimm war, dass der Hund sich blutig kratzte. War die Problematik nicht ganz so heftig, bekam der Hund Cortisontabletten.

Meiner Freundin fiel auf, dass ihr Hund nicht mehr so aktiv am Leben teilnahm, wie sie es von ihm kannte. Sie ließ einen Bluttest durchführen, bei dem festgestellt wurde, dass die Leberwerte des Hundes viel zu hoch waren. Sie fragte mich um Rat, ich empfahl ihr, erst einmal die Leber mit Schüßler-Salzen zu entlasten und gleichzeitig Mineralstoffe einzugeben, um Säure und Schlacken im Organismus des Hundes zu neutralisieren und auch abzubauen.

Sie hielt sich an meine Empfehlung, und nach 3 Monaten waren die Leberwerte des Hundes wieder im normalen Bereich, und nach 8 Monaten war der Hund wieder so fit, dass er sich nicht mehr kratzen musste und auch wieder voller Lebensfreude war.

Über Hautkrankheiten und die Allergie bringt der Körper nur zum Ausdruck, dass Entgiftungs-, Entsäuerungs- und Entschlackungsvorgänge nicht mehr stattfinden können. Dem Organismus fehlen die passenden Betriebsstoffe, um den Betrieb aufrechtzuerhalten.

Hippokrates sagte schon: »Krankheiten überfallen uns nicht aus heiterem Himmel, sondern entwickeln sich aus täglichen kleinen Sünden wider die Natur. Wenn diese sich gehäuft haben, brechen sie scheinbar auf einmal hervor.«

Auch bei Allergien gilt: »Vorbeugen ist besser als Heilen!« Auch bei unseren Vierbeinern.

Was ist eine Krankheit?

Ich betrachte eine Krankheit als eine Betriebsstörung. So ist in meinen Augen eine Betriebsstörung nichts anderes als ein Mangel an Mineralstoffen. Führen wir der Betriebsstörung die passenden Betriebsstoffe in Form von Mineralstoffen zu, löst sich die Betriebsstörung auf.

Ein Vergleich der Schüßler-Anwendung mit einer Dampflok. Wenn die Dampflok nicht mehr fährt mangels Kohlen im Kessel (Betriebsstörung), nützt es nichts, zwei Kohlen (Homöopathie) auf den Kessel zu legen, der Kessel muss mit einer Schubkarre voller Kohlen (Substitution) gefüllt werden, damit die Dampflock wieder fahren kann (betriebsbereit).

Genauso betrachte ich den Organismus eines Hundes. Eine Krankheit ist eine Betriebsstörung. Mineralstoffe sind die Betriebsstoffe. Die Zellen sind die Speicher der Betriebsstoffe.

Fehlen dem Organismus Mineralstoffe, entsteht eine Betriebsstörung. Werden die Mineralstoffe dem Organismus wieder zugeführt, löst sich die Betriebsstörung auf, genau wie beim Vergleich mit der Dampflok. Sie kann wieder fahren, wenn der Kessel mit Kohlen gefüllt ist.

Was würde mein Hund fressen, wenn es mich nicht gäbe?

Stellen Sie sich einmal vor, Ihr Hund müsste bei der Futterbeschaffung auf Sie verzichten. Was würde Ihr Hund dann tun? Ich denke, Ihr Hund würde sich Ihre Geldbörse nehmen, in den nächsten Einkaufsmarkt gehen, schauen, was dort für Hundefutter angeboten wird, sich etwas Gutes aussuchen, in den Einkaufswagen legen, an die Kasse gehen, bezahlen und nach Hause gehen, sich seinen Napf füllen und genüsslich fressen. Nein, Blödsinn, wenn der Hund auf sich alleine gestellt wäre, würde er jagen. Jeder Hund, der mit Menschen nicht in engem Kontakt steht, kann noch jagen. Denn er ist auf Futter angewiesen. Je nachdem, wie groß der Hund ist, fällt seine Beute aus. Stellen Sie sich einmal vor, der Hund hat die Größe, dass er ein Kaninchen jagen würde. Wie ist dann der Ablauf? Als Erstes wird das Kaninchen gejagt, geschnappt und mit Genickbiss getötet. Dann bricht der Hund das Kaninchen über den Bauch auf und frisst den Mageninhalt, der aus vorverdauten Pflanzen wie Getreide, Gräsern und Kräutern besteht. Die Innereien frisst der Hund auch. Danach ist der Hund erst einmal gesättigt und verbuddelt den Rest des Kaninchens irgendwo in Mutter Erde, die dann ihres dazutut, um den Verwesungsprozess des Fleisches fortzuführen, damit der Hund auch noch ein bis zwei Tage später satt wird. Dann kommt der Hund, buddelt sein Futter, das Kaninchen, wieder aus, knabbert das Fleisch von den Knochen und frisst zum Teil die Knochen mit.

Der Hund ist gesättigt und legt sich schlafen, bis zum nächsten Hunger, wenn er wieder jagen geht.

Was ist nun geschehen? Der Hund hat sich artgerecht ernährt. Das Kaninchen besteht aus einem hohen Fleischanteil inklusive tierischer Nebenprodukte, was für den Hund heißt: Innereien des Kaninchens. Weiterhin hat er den Mageninhalt gefressen, der vorverdaut ist. Der Hund kann Getreide, was nicht aufgespalten (vorverdaut) ist, nicht in den Organismus mit einfügen, wo es gebraucht wird. Auch Mineralien, Spurenelemente und Vitamine sind in dem Kaninchen enthalten und gelangen so wieder in den Hund. Weiterhin hat der Hund am Knochen gekaut und organisches Kalzium aufgenommen.

Wenn wir als Hundehalter uns mal wirklich Gedanken machen, ist uns doch klar, dass ein Hund, der von uns gefüttert wird, eine artgerechte Nahrung von uns zur Verfügung gestellt bekommt.

Warum hat mein Hund einen Mangel an Mineralstoffen?

Genauso einfach, wie die Beschreibung mit der Dampflok, ist die Fütterung und Mineralstoffversorgung für Ihren Hund.

Doch die Problematik der Fütterung liegt schon in der Futterherstellung.

Es fängt an bei der Düngung der Felder. Das Korn kommt in Form von Getreide ins Futter. Gedüngt wird nur mit einigen wenigen Mineralien, während es in der Erde, dem Nährboden, über 100 Mineralien gibt oder, besser gesagt, geben müsste. Wird dem Boden nicht auf natürliche Weise Nahrung in Form von Mineralstoffen zugeführt, entstehen Mangelzustände in der Pflanze. Gelangt diese Pflanze in den Organismus von Tieren und Menschen, leiden auch diese Organismen an Mangelzuständen. Denn was der Boden nicht hat, kann in der Pflanze nicht sein und kommt so nicht in den tierischen oder menschlichen Organismus.

Weiterhin werden die Futtermittel gekocht, konserviert und präpariert. Das sind Steigerungen in der Zerstörung der Bestandteile der Lebensmittel oder, besser gesagt, dem »Mittler des Lebens«. Und da 80 % aller Krankheiten direkt oder indirekt futterbedingt sind, sind ebenso viele Krankheiten durch entsprechende Fütterung und natürliche Zusätze wieder aufzulösen.

Schulmedizin, Homöopathie und Schüßler

Betrachten Sie die Schulmedizin mit kritischen Augen? Berechtigterweise! Die Medizin ist von großer Bedeutung und hat ganz bestimmt ihren Standpunkt in der Schulmedizin. Wir benötigen die Medizin oftmals, z. B. bei Unfällen, zum Nähen und Flicken unseres geliebten Vierbeiners. Doch wird manchmal mit zu scharfen Geschützen, z. B. Antibiotika aufgefahren. Antibiotika abgeleitet vom griechischen bedeutet, anti- „anstelle, gegen" und bios- „Leben". So bedeutet Antibiotika wörtlich übersetzt „gegen das Leben". Also überlegen Sie sich: Wann benötigen Sie die Medizin?

Übernehmen Sie wieder Verantwortung für Ihren Hund. Haben Sie das schon getan und beschäftigen sich mit der Homöopathie, sind Sie auf einem sehr guten Weg. Ist Ihnen dieser Weg zu unübersichtlich oder Sie kommen nicht weiter, besteht die Möglichkeit, sich mit den Schüßler-Salzen auseinanderzusetzen.

Dr. Wilhelm Heinrich Schüßler (1821 – 1898) ist der Entdecker dieser Heilweise. Er hinterlässt ein großes Erbe an Wissen. Jedoch distanzierte er sich von der Homöopathie, obwohl er Anhänger der Lehre von Dr. Samuel Hahnemann, dem Begründer der Homöopathie, war. Der alte Schüßler war trotz der Vielfalt in der Homöopathie nicht restlos von ihr überzeugt. So legte Schüßler im Jahre 1874 den Grundstein für seine eigene Therapieform, die Biochemie, in Form einer Broschüre »Abgekürzte Therapie« dar. Mit dieser Broschüre stellte er seine Gedanken der breiten Öffentlichkeit vor.

Seine Therapieform verbreitete sich sehr schnell und fand auch großes Interesse bei den Ärzten, obwohl die Behandlungsmethode sehr umstritten war.

Schüßlers Überzeugungskraft haben wir es zu verdanken, dass die Biochemie nach Dr. Schüßler heute zum Einsatz kommt und weiterverbreitet wird.

Kurze Schilderung der Entdeckung der Mineralstoffe

Von großer Wichtigkeit bei Schüßler's Entdeckung war das Minimumgesetz von Justus von Liebig, der zur gleichen Zeit lebte wie Dr. Wilhelm Heinrich Schüßler. Das Minimumgesetz besagt, dass der Pflanzenertrag abhängt von dem Nährstoff, der der Pflanze jeweils in geringster Menge zur Verfügung steht.

Weiterhin wurde Schüßler bei seinen Überlegungen von seinem Zeitgenossen Rudolf Virchow unterstützt, dass die Krankheit des Körpers in der Krankheit der Zelle zu suchen ist.

Und der Niederländer Zeitgenosse Jakob Moleschott machte eine weitere wichtige Entdeckung, die besagt, dass die Krankheit der Zelle durch Verlust an anorganischen Salzen entsteht. Damit sind die für den Körper so notwendigen Mineralstoffe gemeint.

Schüßlers Gedanken zu allen Überlegungen war, dass dann die Gesundung der Zelle und somit des Körpers, durch Deckung des Verlustes entstehen muss. Um Schaden zu verhüten und die Mittel aufnahmefähig für die Zellen zu machen, müssen die Mineralstoffe verdünnt (potenziert) werden.«

Denn Schüßler war davon überzeugt, dass die Krankheit des Körpers in der Krankheit der Zelle zu suchen ist.

Wie wirken Schüßler-Salze am besten?

Damit die Schüßler-Salze optimal wirken können, wird eine abgestimmte Potenz der einzelnen Mineralstoffe benötigt. Bei der Substitutionsheilweise nach Dr. Schüßler können die aufgelisteten Mineralstoffe am besten in folgenden Potenzen aufgenommen werden:

So der Mineralstoff

Nr. 1	Calcium fluoratum	in der Potenz D 12,
Nr. 2	Calcium phosphoricum	in der Potenz D 6,
Nr. 3	Ferrum phosphoricum	in der Potenz D 12,
Nr. 4	Kalium chloratum	in der Potenz D 6,
Nr. 5	Kalium phosphoricum	in der Potenz D 6,
Nr. 6	Kalium sulfuricum	in der Potenz D 6,
Nr. 7	Magnesium phosphoricum	in der Potenz D 6,
Nr. 8	Natrium chloratum	in der Potenz D 6,
Nr. 9	Natrium phosphoricum	in der Potenz D 6,
Nr. 10	Natrium sulfuricum	in der Potenz D 6,
Nr. 11	Silicea	in der Potenz D 12

und, als letzter Mineralstoff der Hauptmittel nach Dr. Schüßler,

Nr. 12	Calcium sulfuricum	in der Potenz D 6.

Reaktionen des Hundes

Meinen Erfahrungen nach reichen die Reaktionen der Hunde auf die Therapie mit Schüßler-Salzen von sofortiger Milderung der bisherigen Anzeichen bis hin zu massiven Erstverschlimmerungen.

Die zum Teil sehr unterschiedlichen Reaktionen des Körpers sind ein Zeichen dafür, dass der Organismus anfängt, mit den ihm zur Verfügung gestellten Mineralstoffen (Betriebsstoffen) zu arbeiten.

Das heißt, dass auch Altlasten aufgearbeitet werden, was für den Organismus lebenswichtig ist.

Aussehen tut das z. B. so: Der Hund hat ein Ekzem. Diesbezüglich werden dem Hund Mineralstoffe verabreicht. Der Hundehalter glaubt, das Ekzem müsste sich schnell auflösen, doch das Gegenteil geschieht, das Ekzem verschlimmert sich. Wer sich mit der Biochemie nach Dr. Schüßler nicht auskennt, glaubt nun: »Mein Hund verträgt die Mineralstoffe nicht.« Doch die Verschlimmerung ist eine Reaktion vom Organismus. Der Hund war sowieso schon überflutet mit Säuren, Schlacken und Giften, die er über die Haut als Notventil ausscheidet. Werden die Schüßler-Salze gegeben, so werden Säuren, Schlacken und Gifte freigesetzt. Diese müssen irgendwohin. So wird die Haut vom Organismus genutzt, um diese frei gewordenen Schadstoffe aus dem Organismus zu entlassen. Dies ist eine Reaktion des Organismus zur Gesundung.

Ab und zu ist es sinnvoll für Mensch und für Tier, kurzzeitige Verschlechterungen auf sich zu nehmen, um der Gesundheit ein großes Stück näherzukommen.

Wie gebe ich die Mineralstoffe meinem Hund?

Die Mineralstofftabletten können im Futter verabreicht werden, eventuell als ganze Tablette oder aber auch zermahlen.

Weiterhin können die Mineralstoffe im Wasser aufgelöst werden, um dann mit einer Spritze ins Maul gegeben zu werden. Unsere Mischlingshündin Chiron war glücklich, wenn wir mit ihr trainierten. Denn die Schüßler-Mineralstofftabletten gab es als Form der besonderen Belohnung. Probieren Sie es doch auch mal, Schüßler-Salze als Leckerchen-Ersatz Ihrem Hund anzubieten.

Sollte Ihr Hund die Mineralstofftabletten verweigern, besteht die Möglichkeit, einen Mineralstoffbrei (Mineralstofftabletten mit etwas Wasser vermischen) auf die Vorderpfoten zu schmieren. Der Hund leckt sich seine Pfoten sauber, und somit gelangen die Mineralstoffe in den Hundeorganismus.

Probieren Sie alles aus, Ihren Phantasien sind keine Grenzen gesetzt, sofern Sie Ihrem Liebling etwas Gutes tun. Sie kennen Ihren Hund am besten. Geben Sie nicht auf, sondern halten Sie für Ihren Liebling durch.

Schüßler-Salze können auch äußerlich angewandt werden

Schüßler-Salze für die äußeren Anwendungsmöglichkeiten haben fast keine Grenzen. Es besteht die Möglichkeit, fertige Mineralstoffprodukte in Form von Salben, Cremegelen oder Gelen, evtl. auch Tropfen, zu nutzen. Die einfachste und schnellste Möglichkeit, wenn Sie Schüßler-Salze anwenden wollen, ist die des Brei-Auflegens, des Badens oder des Besprühens.

Brei:

Mineralstofftabletten mit Wasser zu einem Brei verrühren, auf die betreffende Stelle auftragen, wenn möglich mit Frischhaltefolie abdecken, damit die Feuchtigkeit des Wassers als Transportmittel der Mineralstoffe dient und der Hund den Brei nicht ableckt.

Baden des Hundes:

Baden Sie Ihren Hund in dem für ihn dafür vorgesehenen Behältnis (bei uns ist es die Badewanne). Die Mineralstoffe (ca. 5 – 20 Mineralstofftabletten eines Schüßler-Salzes je nach Wassermenge) werden im Badewasser aufgelöst und der Hund darin gebadet. Nach Möglichkeit den Hund danach nicht trocken rubbeln, sondern sich schütteln lassen zum Trockenwerden. So werden die Schüßler-Salze über die Haut dem Organismus zur Verfügung gestellt. Sie werden auch sehen, dass der Hund sich nach dem Baden ableckt und somit die Mineralstoffe wieder aufnimmt.

Einsprühen:

Sie lösen Mineralstofftabletten am besten in einem Glas Wasser auf, ohne umzurühren. Der Milchzucker setzt sich am Boden des Glases ab, die Mineralstoffe verbinden sich mit dem Wasser. Dieses Wasser mit den aufgelösten Mineralstoffen (Wasser sieht etwas flockig aus) füllen Sie in eine saubere Sprühflasche und besprühen Ihren Hund.

Massieren Sie die aufgesprühten Mineralstoffe in das Fell und somit in die Haut Ihres Lieblings ein. Er wird es Ihnen danken. Sie werden feststellen, dass Ihr Hund sich wieder ableckt, das ist absolut o. k., da Ihr Hund auch somit die Mineralstoffe wieder aufnimmt, aber nur die, die noch nicht in die Haut eingedrungen sind.

Ihnen und Ihrem Hund viel Spaß!

Was macht der Organismus mit den Mineralstoffen?

Jeder Organismus arbeitet in aufeinander abgestimmten und zusammenhängenden Abläufen. So werden vom Organismus die zugeführten Mineralien dort eingesetzt, wo sie am dringlichsten benötigt werden.

Der Organismus entscheidet, welche Abläufe er einleitet. Er ist ein Überlebenskünstler und entscheidet selbst, ob er mit den Mineralstoffen die Gifte ausscheidet oder die Mineralstoffspeicher (Zellen) aufgefüllt werden. Oder ob schadhafte Zellen oder Gewebe repariert werden müssen.

Der Organismus entscheidet für sich, was für ihn am wichtigsten ist.

Denken Sie daran: Gesundheit ist mehr als nur Abwesenheit von Krankheit. Zur Gesundheit gehören immer Körper, Geist und Seele.

Praxisbeispiele, erläutert

Wie Schüßler-Salze wirken, erkläre ich gerne an Praxisbeispielen.

Beispiel 1

Bei dem mir bekannten Hundetrainer Falk war ein Wachtelrüde zum Training. Dieser Wachtelrüde biss sich ständig die Pfoten, teilweise sogar blutig.

Falk stellte fest, dass der Hund keine klare Führung hatte. Dieser Hund musste ständig die Kontrolle für alles und jeden in seiner Umgebung übernehmen. Der Besitzer wurde in seinem Verhalten dem Hund gegenüber geschult, um es dem Rüden in seinem Leben einfacher zu machen. Als unterstützende Therapie empfahl ich: Nr. 1 Calcium fluoratum, 7 Stück, Nr. 2 Calcium phosphoricum, 7 Stück, Nr. 6 Kalium sulfuricum, 10 Stück, Nr. 7 Magnesium phosphoricum, 7 Stück, Nr. 8 Natrium chloratum, 10 Stück, Nr. 9 Natrium phosphoricum, 10 Stück, Nr. 10 Natrium sulfuricum, 10 Stück, Nr. 11 Silicea, 10 Stück, Nr. 12 Calcium sulfuricum, 5 Stück.

Der Hundebesitzer lernte schnell und erfüllte seinem Hund einen großen Wunsch, die Rolle des Chefs zu übernehmen. Der Wachtelrüde hörte 6 Wochen später mit dem Pfotenbeißen auf, da die Schüßler-Salze ihm dabei geholfen haben, seine Zwangshandlung schnell zu beenden.

Beispiel 2

Mischlingshündin Paula wurde als Kettenhund auf einem Hof gehalten. Paula wurde von Tierliebhabern befreit und lebt nun bei einem älteren Ehepaar. Paulas Körper war übersät mit kleinen und großen Warzen (weiche Fleischwarzen, harte Stielwarzen).

Die Empfehlung lautete: 10 Mineralstofftabletten von Nr. 10 Natrium sulfuricum in der Potenz D 6 über den Tag verteilt oder ins Futter geben und gleichzeitig die Warzen mit Mineralstoffbrei äußerlich behandeln. Nach 12 Wochen waren die Warzen zum größten Teil verschwunden. Die Mineralstoffe wurden weitergegeben, damit sich keine neuen Warzen bilden.

Beispiel 3

Gleiche Hündin Paula hatte die Pfoten extrem durchgedrückt. Es zeigte einen Mineralstoffmangel 1 und 11 auf. Nach Eingabe von 7 Stück Calcium fluoratum und 10 Stück Silicea dauerte es 3 Monate, und Sehnen und Bänder waren wieder in der Spannung, wie sie sein sollten.

Beispiel 4

Bernhardiner-Leonberger-Mix-Mädchen Iggi, 5 Monate

Iggi war nach kurzem Training sehr müde und nicht mehr aufnahmefähig. Empfehlung: Kalium phosphoricum D 6, täglich 5 Stück, dazu noch wegen des Welpenalters und wegen schlaksigem Gang Calcium fluoratum, 3 Stück, und Silicea, 3 Stück. Wegen des Wachstums der Knochen noch Ferrum phosphoricum, 3 Stück dazu. Iggi war nach 2 Wochen aufnahmefähiger und der schlaksige Gang wurde zu einem geraden Gang.

Beispiel 5

Schäferhund, 2 Jahre, war bei einem Hundetrainer zur Ausbildung. Festgestellt wurde: Hund war sehr ängstlich. Dem

Hund wurden täglich 7 Mineralstofftabletten von Nr. 2 Calcium phosphoricum und 9 Mineralstofftabletten von Nr. 11 Silicea zugeführt. Durch das tägliche Training in Verbindung mit den Mineralstoffen war dieser Schäferhund innerhalb von eineinhalb Wochen ein selbstbewusster Hund. Zur Freude seines Herrchens.

Beispiel 6
Lizzy Stefford Terrier, 8 Jahre, hatte Durchfall über einen längeren Zeitraum. Die Hundehalterin rief mich an und wusste sich keinen Rat mehr. Meine Empfehlung dazu: Futterqualität überprüfen und Nr. 3 Ferrum phosphoricum, 7 Stück, Nr. 5 Kalium phosphoricum, 7 Stück, Nr. 6 Kalium sulfuricum, 7 Stück, und Nr. 8 Natrium chloratum, 10 Stück, einzugeben. Nach 2 Tagen hatte Lizzy keinen Durchfall mehr. Das Futter wurde genau überprüft und umgestellt. Seitdem keinerlei Durchfälle mehr.

Reichen meinem Hund die Schüßler-Salze oder ist die Hundesprache sinnvoll für mich?

Den Körper des Hundes können wir mit gutem Futter, ausreichenden Mineralstoffen und genügend frischem, reinem Wasser gesund erhalten.

Die Seele des Hundes ist an die körperlichen Beschaffenheiten angekoppelt. Ist der Körper gesund, geht es der Seele gut. Doch wir dürfen nicht vergessen: Eine Hundeseele leidet, bekommt sie nicht genügend Aufmerksamkeit; oder wenn sie die »falsche, zu vermenschlichte« Aufmerksamkeit bekommt.

Wir sollten immer daran denken: Ein Hund ist und bleibt ein Hund. Ein Hund wird niemals ein Kind oder einen Partner ersetzen. Er ist ein verständnisvoller, liebenswerter Freund an unserer Seite mit ganz eigenen Ansprüchen. Wir müssen unsere Hunde wieder verstehen lernen. Meine Erfahrung ist, dass ich, nachdem ich die Hundesprache in körperlicher Form erlernt habe, unseren Hund viel besser verstehe und unser Hund mich. Außerdem macht es Spaß, sich mit Hund zu beschäftigen.

Für uns Menschen ist es einfacher, die Hundesprache zu erlernen, als dass wir dem Hund Deutsch beibringen.

Ich durfte erfahren, wie sich das Zusammenspiel auf der körperlichen wie auf der mentalen Ebene auswirkt. Es geschieht lautlos und ohne Gebrüll, durch klare, bewusste Bewegungen mit dem eigenen Körper und gezieltes Kommunizieren durch unsere Gedanken. Wir gelangen mit unseren Hunden zum gegenseitigen Verstehen mit dem Geist und Verbinden mit dem Herzen. Es wird ein lautloses, vertrautes und fließendes Miteinander aufgebaut. Es ist ein Geben und Nehmen.

Der Hund ist und bleibt ein Raubtier. Dem Hund bleiben nur wenige Möglichkeiten an unserer Seite: Vertrauen, Abstumpfen oder Kampf. Der Mensch muss es sich in den Augen des Hundes regelrecht verdienen, dass er vertrauensvoll dem Menschen folgt – an der Leine oder auch ohne. Wie soll ein Hund jemandem vertrauen, der von Angst überzeugt ist und sich selbst nicht wirklich vertraut? Es ist so einfach, leicht und für jeden erreichbar, mit seinem Hundefreund zusammenzuleben. Hunde sind wunderbare Lehrer und zeigen uns in absoluter Ehrlichkeit, wie es um uns steht.

Unsere Hunde sind nicht nur unsere vierbeinigen Gefährten, sondern sie spiegeln uns Menschen in all unseren seelischen und körperlichen Facetten. Lerne deinen Hund kennen und du lernst dich kennen.

Kurzbeschreibung der einzelnen Schüßler-Salze

Damit Sie sich ein besseres Bild von den einzelnen Mineralstoffen machen können, hier eine Beschreibung der einzelnen Schüßler-Salze:

Nr. 1 Calcium fluoratum D 12

Die Nr. 1, Calcium fluoratum, bildet die Hautoberschicht, die Knochenhüllen, die Aderwände, die Zellwände und den Zahnschmelz. Calcium fluoratum ist zuständig für den Schutz des Körpers.

Der Hornstoff (Keratin) wird von Calcium fluoratum gebunden. Er sorgt für die Erhaltung der Elastizität und Festigkeit aller elastischen Fasern. Er ist zuständig für die Elastizität und die Härte in allen Geweben, vor allem der Sehnen und Bänder.

Dieses Schüßler-Salz ist verantwortlich für alles, was schon gedehnt ist und sich nicht mehr zusammenziehen kann (Schlottergelenke). Oder aber, wo sich etwas zusammengezogen hat und sich nicht mehr dehnen kann.

Die Haut ist das größte Organ des Körpers. Sie schützt den gesamten Organismus, wobei der Hornstoff in der obersten Hautschicht eingelagert wird. Dafür wird Calcium fluoratum benötigt.

Der Organismus bildet mit Hilfe des Hornstoffs eine Schutzschicht, wo sie benötigt wird, wie auch an den Pfoten.

Nr. 2 Calcium phosphoricum D 6

Die Calcium-Versorgung kann nicht ausschließlich mit Schüßler-Mineralstoffen erfolgen. Der Calciumbedarf muss über das Futter gedeckt werden. Der Mineralstoff Calcium phosphoricum gibt nur einen Anstoß zur besseren Verteilung und Verwertung von dem im Futter enthaltenen Calcium. Aus dieser Sicht ist es immer positiv für den Hundeorganismus, Futter im mineralischen Gleichgewicht zu füttern.

Calcium phosphoricum ist das Knochenmittel neben der Nr. 1 Calcium fluoratum. Dieses steht für die »Hülle«, d. h. Knochenhaut und Zahnschmelz, und Nr. 2, Calcium phosphoricum, steht für die »Fülle«, d. h. für das Knochen- und Zahninnere.

Es ist in allen Zellen enthalten, am reichhaltigsten in den Knochenzellen. Es ist ein gutes Mittel bei Knochenrissen und Knochenbrüchen. Weiterhin reguliert es den Eiweißhaushalt. Bei einem Mangel an Calcium phosphoricum wird das Eiweiß nicht verarbeitet, und so kommt es zu einer Flut von Eiweißflocken. Der Hund nimmt an Gewicht zu und fühlt sich fest an.

Auch für den Zellaufbau und die Blutbildung spielt Nr. 2, Calcium phosphoricum, eine große Rolle.

Weiterhin wird Nr. 2, Calcium phosphoricum, neben der Nr. 9, Natrium phosphoricum, zur Säureneutralisation gebraucht. Calcium phosphoricum wirkt auf die willkürliche Muskulatur beruhigend und entspannend. Daher sehr gut einsetzbar bei Muskelkrämpfen und Verspannungen.

Ängstliche Hunde können mit Calcium phosphoricum unterstützt werden, was das Selbstvertrauen des Hundes wieder steigen lässt. Meine Beobachtung dazu ist: Ist der Hundehalter ein ängstlicher Typ, spiegelt der Hund als Freund des Menschen ihm das genau wieder. Nehmen beide in solch einer Situation einen guten Hundetrainer in

Anspruch, haben beide die Möglichkeit, ihre Angst in Stärke zu wandeln. Unterstützend mit Calcium phosphoricum gehen beide gelassener und entspannter an diese Ausbildung und auch an das gemeinsame Leben.

Nr. 3 Ferrum phosphoricum D 12

Ferrrum phosphoricum ist für den Transport des Sauerstoffs im Organismus zuständig. Er unterstützt den Transport aller im Körper transportierender Mittel. Er ist »das« Mittel für das erste Stadium einer Krankheit. Weiterhin ist es »das Erste-Hilfe-Mittel« bei Verletzungen, Verstauchungen, Verrenkungen, Prellungen. An den betreffenden Stellen ist das Energiefeld nicht mehr in Ordnung und wird so mit Ferrum phosphoricum innerlich (eingeben) wie äußerlich (als Brei auflegen) wieder ausgeglichen. Auch bei offenen Verletzungen, die nicht genäht werden müssen, als Brei auflegen. Das Wasser für den Brei bitte abkochen. Der Milchzucker wirkt leicht antiseptisch, reinigt und verschließt die Wunde. Der enthaltene Mineralstoff wirkt schmerzstillend, blutstillend und schafft ein fast narbenfreies neues Gewebe.

Nr. 4 Kalium chloratum D 6

Dieses Schüßler-Salz hat sein Vorkommen in den Drüsen, Bronchien und Schleimhäuten. Die Nummer 6 ist das Mittel bei einer Krankheit im zweiten Stadium. Wird Kalium chloratum aus den Schleimhäuten herausgelöst, fällt der Faserstoff als weißlicher Schleim an. Wenn dieser Vorgang bei unserem Hund stattfindet, wird er für uns erst sichtbar, wenn ein zäher weißer Schleim von unserem Hund ausgehustet wird. Stellen wir das bei unserem Hund fest, gilt es, den Bedarf an diesem Mineralstoff zu decken, damit es nicht unnötigerweise zu einem weiteren Abbau von Schleimhäuten kommt.

Weiterhin rauben Impfungen dem Organismus viele Kalium-chloratum-Moleküle, denn Impfungen regen den Körper zur Bildung von Antikörpern an. Dieser Abwehraufbau fordert vom Körper ein intensives Maß an Auseinandersetzung, wobei Abfall- und Schlackenstoffe entstehen. Dabei wird die Drüsentätigkeit angekurbelt, und das verbraucht wieder viel Kalium chloratum.

Wir sollten, bevor wir unseren Hund impfen lassen, zur Vorbeugung oder wenigstens zur Nachbehandlung Kalium chloratum geben, damit die Drüsen in ihrer Entgiftungsarbeit unterstützt werden. Das heißt nicht, dass die Impfstoffe ausgeschieden werden, sondern dass die Chlorid-Ionen mit den eingesetzten medizinischen Stoffen eine Verbindung eingehen und somit den Organismus nicht mehr belasten. Im Übrigen ist Kalium chloratum auch sehr gut einsetzbar nach Narkosen, damit die Giftstoffe gebunden werden können.

Weiterhin ist dieser Mineralstoff in Verbindung mit Nr. 8, Natrium chloratum, für ihre säugende Hündin ein absolutes Muss-Mittel. Denn Kalium chloratum regt die Drüsentätigkeit des Gesäuges an, und Natrium chloratum reguliert die Flüssigkeitsmenge. So bekommt Mama Hund ihre Welpen satt und sie selbst bleibt bei Kräften. Denn wir alle wollen kräftige und gesunde Hunde. Es beginnt im Welpenalter.

Nr. 5 Kalium phosphoricum D 6

Kalium phosphoricum baut in Zusammenarbeit mit Nr. 8, Natrium chloratum, Gewebe auf. Weiterhin ist Kalium phosphoricum das Antiseptikum im Körper. Dieser

Mineralstoff macht gewisse giftige Stoffe im Körper un-schädlich. Das bedeutet, wenn im Körper Fäulnisgifte ent-stehen, werden sie durch Kalium phosphoricum getilgt. Aber auch die Gifte, die durch die Atmung oder über die Haut in den Körper gelangen, haben ein hohes Bestreben, eine chemische Verbindung einzugehen. Durch Nr. 5, Kalium phosphoricum, werden diese Gifte ausscheidungsfähig.

Nach schweren Krankheiten ist der Körper sehr erschöpft. Eventuell ist der Körper auch durch die Eingabe von not-wendigen Medikamenten sehr belastet. Wenn Ihr Hund z. B. Antibiotika einnehmen musste, dauert die Erschöpfung oft vier bis sechs Wochen oder aber auch monatelang an. Das ist dann ein Zeichen für ausgeschöpfte Mineralstoffvorräte und einen Substanzverlust. Der Organismus hat nicht nur seine Vorräte erschöpft, sondern er muss auf wertvolles Gewebe zugreifen und es zerlegen, um an die dringend benötigten Betriebsstoffe zu kommen.

Wenn Sie bei Ihrem Hund feststellen, dass er unangenehm oder faulig aus dem Maul riecht, ist es mit Sicherheit ein Kalium-phosphoricum-Mangel.

Sollte Ihr Hund im Rettungs- oder Spurendienst tätig sein, ge-ben Sie ihm die Energiemischung, bestehend aus Nr. 3 Ferrum phosphoricum D 12, Nr. 5 Kalium phosphoricum D 6, Nr. 6 Ka-lium sulfuricum D 6, Nr. 8 Natrium chloratum D 6, Nr. 10 Na-trium sulfuricum D 6 und Nr. 22 Calcium carbonicum D 12. So ist Ihr Hund nach dem Einsatz nicht ganz so erschöpft. Probie-ren Sie doch mal die Energiemischung bei sich selbst aus.

Nr. 6 Kalium sulfuricum D 6

Die Hauptaufgabe von Kalium sulfuricum ist die Sauerstoff-übertragung vom Blut in die Zelle. Kalium sulfuricum ist das

Mittel bei einer Krankheit im dritten Stadium. Das bedeutet, wenn eine Krankheit chronisch ist.

Der Körper wird dann mit so vielen Krankheitsschlacken überschwemmt, dass eine Ausscheidung nicht mehr möglich ist. Und dann greift der Organismus auf die einzige mögliche Deponie, nämlich die Zelle, zurück. In diesen Zellen werden die Belastungsstoffe nicht nur im Verlauf einer Krankheit abgelagert, sondern vor allem nach einer Krankheit, wenn das Kalium sulfuricum zum Ausscheiden der Krankheitsstoffe nicht zur Verfügung steht. Deshalb ist es wichtig, Kalium sulfuricum einzusetzen, wenn eine Krankheit anfängt chronisch zu werden oder schon chronisch ist. Dann sitzt diese Krankheit schon in den Zellen fest, denn die Gift- und Belastungsstoffe, die der Organismus nicht ausscheiden kann, werden Schicht für Schicht in der Zelle abgelagert. Haben nun diese Zellen die Grenzen ihrer Aufnahmekapazität erreicht, greift der Körper zu drastischen Notmaßnahmen wie Allergien und/oder schweren Hautkrankheiten. Diese Reaktionen sind ein Hilfeschrei des Organismus.

Kalium sulfuricum ist mit der Nr. 1 Calcium fluoratum das Hautmineral. Die oberste Schicht der Haut, die Oberhaut, wird durch Calcium fluoratum gebildet. Werden Kalium-sulfuricum-Moleküle aus der Oberhaut herausgelöst, bilden sich Hautschuppen. Außerdem ist dieser Mineralstoff für die Pigmentbildung zuständig. Zudem ist Kalium sulfuricum in den oberen Schichten der Schleimhäute vorhanden. Besteht ein Kalium-sulfuricum-Mangel, bildet sich ein bräunlich gelber Schleim, was dann durch Abhusten des Hundes festzustellen ist. Ferner ist Kalium sulfuricum für die Verdauung zuständig. Ganz besonders wichtig für die Bauchspeicheldrüse, denn dieser Mineralstoff regt die Lebertätigkeit an. Dadurch kommt es zu vermehrter Gallenabsonderung, was vor allem hilft, die Fette zu verdauen.

Nr. 7 Magnesium phosphoricum D 6

Das Schüßler-Salz Nr. 7 beeinflusst die unwillkürliche Muskeltätigkeit des Körpers. Magnesium phosphoricum ist zuständig für alle Muskeltätigkeiten, die nicht dem Willen zugänglich sind. Das heißt das Herz, die Drüsen, die Nerven und der Verdauungsapparat. Ein Speicher von Magnesium phosphoricum ist das Herz. Denn Magnesium phosphoricum ist zuständig für das rhythmische Zusammenziehen der Herzmuskulatur. Dieser Mineralstoff wird auch als der elektrische Mineralstoff bezeichnet. Er wird durch starke elektromagnetische Belastungen, auch Elektrosmog genannt, im Körper sehr schnell verbraucht.

Es kann weiterhin durch einen Mangel an Magnesium phosphoricum zu Verdauungsproblemen kommen. Dieser Mineralstoff ist zuständig für die Darmperistaltik und somit die wurmartige Vorwärtsbewegung des Nahrungsbreis im Darm bei einem Mangel nicht mehr voll funktionsfähig ist. Es kommt beim Hund zur Verstopfung.

Weiterhin ist dieser Mineralstoff ein geniales Schmerzmittel bei Koliken aller Art sowie allen krampfartigen Schmerzen wie Verstopfungskolik und Epilepsie. Magnesium phosphoricum ist für den Spannungszustand im Körper zuständig. Ist Ihr Hund angespannt in einer Situation, in der er es nicht sein müsste, kann Magnesium phosphoricum diesen Anspannungszustand normalisieren in einen Spannungszustand, der der Situation angemessen ist. Genauso aber auch umgekehrt.

Die Anspannung bei einer trächtigen Hündin ist auch sehr groß. Um Ihrer Hündin die Geburt zu erleichtern, sollten Sie ihr 2 Wochen, bevor sie wirft, Magnesium phosphoricum geben, damit die Wehentätigkeit, was ja zur unwillkürlichen Muskeltätigkeit gehört, gesichert ist. Auf dass prächtige

Welpen das Licht der Welt erblicken und die Hundemama ihre Kräfte für ihre Welpen spart.

Nr. 8 Natrium chloratum D 6

Natrium chloratum reguliert den Flüssigkeits- und Wärmehaushalt im Körper. Der Körper besteht vor allem aus Wasser, denn alle Zellen sind mit Wasser angefüllt. Weiterhin ist Wasser der Hauptbestandteil der Körperflüssigkeiten, nämlich des Blutes, der Lymphe, der Flüssigkeit im Gehirn, im Rückenmark, im Auge und in der Flüssigkeit zwischen den Zellen, aus denen die Zelle ihre Nähr-, Bau- und Funktionsstoffe bezieht. Bekannt ist ja, das ein Tier, und natürlich auch der Mensch, nicht so schnell verhungert, aber ganz schnell verdurstet. Damit der Organismus mit Wasser umgehen kann, benötigt er Natrium chloratum. Dieser Mineralstoff wirkt, indem er Wasser anzieht und sich mit ihm verbindet.

Das ist der Grund, warum Kochsalz (Natrium chloratum, unverdünnt) im Salzstreuer leicht verklumpt. Weiterhin bewirkt der Mineralstoff Natrium chloratum eine Bewegung der Flüssigkeiten, was besonders wichtig für die Niere ist. Doch wird nicht nur der Flüssigkeitshaushalt von Natrium chloratum geregelt, auch die konstante Körpertemperatur wird von Natrium chloratum aufrechterhalten.

Eine große Rolle spielen die Schleimhäute, denn in den Schleimhäuten wird Natrium chloratum gespeichert. Die Schleimhäute sind für den Hund sehr wichtig, denn über die Schleimhäute hat der Körper empfindsame Öffnungen zur Außenwelt. Diese Schleimhäute enthalten Drüsen, deren Schleim die Oberfläche als Film bedeckt. Somit wird die Schleimhaut gleitfähig. Das Gewebe der Schleimhaut enthält Mucin. Das Mucin wird durch Natrium chloratum gebunden und kann so gespeichert und bei Bedarf verbraucht werden. Wenn Hunde viel mit ihrer Nase arbeiten müssen, verbrauchen sie viel von diesem Mineralstoff. Dieser Mineralstoff zählt mit zur Energiemischung.

Weiterhin ist Natrium chloratum zuständig für alle nicht durchbluteten Körperteile. Das sind Augen, Knorpelgewebe, Sehnen oder Bänder. Auch bei Knorpelgewebeschädigung kann mit Nr. 8 Natrium chloratum gearbeitet werden. Ein Mangel ist gut zu erkennen an knackenden oder reibenden Gelenken. Wenn Sie das bei Ihrem Hund hören, ist der Mangel schon recht groß, denn dann wurde aus dem Knorpelgewebe das kostbare Natrium chloratum rausgezogen, damit sich der Organismus ausreichend organisieren konnte. Für die lebenswichtigen Organe, wie die Niere, unerlässlich.

Nr. 9 Natrium phosphoricum D 6

Riechen und fühlen Sie doch mal an Ihrem Hund. Riecht er einfach nur nach Hund, ist alles o. k. Riecht er aber unangenehm, ohne sich irgendwo gewälzt zu haben, ist es mit hoher Wahrscheinlichkeit ein Natrium-phosporicum-Mangel. Fühlt sich das Fell ihres Hundes fettig an, ist es sehr wahrscheinlich auch ein Mangel an Nr. 9. Die Hunde mit diesem Mangel wirken müde und matt. Die Lebendigkeit, die Sie von Ihrem Vierbeiner gewöhnt sind, ist verloren gegangen. Die Speicher sollten dann mit Natrium phosphoricum wieder gefüllt werden, um die Spritzigkeit Ihres Hundes wiederherzustellen.

Natrium phosphoricum ist zuständig für die konstante Erhaltung des pH-Wertes im Blut, wandelt Harnsäure in Harnstoff um und hält die Leistungsfähigkeit der Nieren aufrecht. Jeder Organismus, der mit Säure überladen ist, versucht diese Säure abzustoßen. Dieses geschieht über den Harn, welcher dann sauer riecht. Es kann bei Ihrem Liebling zu einem wässrigen Durchfall kommen, der mit Säure versetzt ist.

Der menschliche wie tierische Organismus hilft sich erst einmal selbst, um die Säure loszuwerden. Was ja, wenn wir es verstehen, eine gute Reaktion vom Organismus ist, weil er uns schützt.

Eine Folge von fortwährender Säurebelastung ist eine Schwächung des Immunfeldes. Zur Neutralisierung des Säureüberschusses werden sehr viele Mineralstoff-Ionen gebraucht. Wenn kein Nachschub von Mineralstoffen erfolgt, kippt das Milieu vom basischen gesunden Bereich in den sauren ungesunden Bereich, welches das Wachstum von Bakterien und Viren begünstigt. Der Pilzbefall fühlt sich im sauren Bereich sehr wohl, was für den Hundefreund bedeutet: Hat mein Hund z. B. einen Hautpilz, ist der Natrium-phosphoricum-Mangel schon recht groß. Auch schlecht heilende Wunden und Eiterungen machen einen Natrium-phosphoricum-Mangel für uns Hundefreunde erkennbar.

Nr. 10 Natrium sulfuricum D 6

Natrium sulfuricum ist das Mittel der Entschlackung. Um das Wort Schlacke besser zu verstehen, vergleiche ich unseren Organismus als Beispiel mit einer Ölheizung, da diese in unseren Häusern sehr verbreitet ist.

Durch die Verbrennung des Öls wird die gespeicherte Energie freigesetzt. Allerdings passiert dieses nicht ohne Rückstände. Wenigstens einmal im Jahr kommt der Schornsteinfeger, um den Schornstein und den Ölbrenner von den Schlacken zu befreien. Das sind die Stoffe, die mit der Verbrennung nichts zu tun haben, aber doch in dem Öl enthalten sind und nun als Rückstände an den Schornstein- und Ölbrennerwänden zurückbleiben. Werden diese Schlacken nie vom Schornsteinfeger entfernt, wäre der Schornstein inklusive des Ölbrenners verschlackt und würde nicht mehr brennen. Wir sagen dazu: Der Schornstein zieht nicht mehr.

So können wir uns das auch mit dem menschlichen wie tierischem Organismus vorstellen. Steigt die Konzentration der Schlacken im Körper an, muss durch den Organismus eine Reinigung erfolgen.

Da das Gleichgewicht zwischen dem gegebenen Futter und den ausgeschiedenen Stoffen, vor allem bedingt durch den industriellen Eingriff in die Futtermittelproduktion, gestört wird, gibt es kein körperökologisches Gleichgewicht mehr im Organismus des Hundes.

Es gibt durchaus auch natürliche Schlacken, die in den Futtermitteln enthalten sind, die der Körper nicht aufnimmt, sondern wieder über den Stuhl und den Harn ausscheidet. So ist Verdauung auch Schlackenabbau, wie auch die Atmung und das Schwitzen.

Wenn der Stoffwechsel nur mit natürlichen Stoffen konfrontiert wird, erfolgt der Schlackenabbau rückstandsfrei.

Jedoch hat heute jeder Organismus mit Verunreinigungen zu kämpfen. Dabei handelt es sich um Abgase mit all ihren chemischen Stoffen, die von unseren Hunden und natürlich auch von uns eingeatmet werden. Weiterhin geht es um Zusatzstoffe, die die Industrie, egal ob Futtermittel- oder Nahrungsmittelindustrie, in Form von Farb-, Konservierungs- und Schönungsmitteln zufügt.

Selbst in Medikamenten sind tolerierte Mindermengen enthalten.

Damit der Organismus mit diesen vielen verschlackenden Belastungen zurechtkommt, benötigt er Natrium sulfuricum. Sollte Ihr Hund Probleme mit Ödemen (Wasseransammlungen) haben, ist dieses sicher ein Natrium-sulfuricum-Mangel. Überschüssige Flüssigkeit muss vom Organismus abgezogen werden, sonst werden die Schlacken Bestandteil in allen Flüssigkeiten. So kommt es, dass auch der Schweiß mit Schlacke versetzt ist. Es kann sein, dass der Hund beim Schwitzen, was bei ihm auch über die Pfoten geschieht, einen enormen Juckreiz verspürt und sich seine Pfoten blutig beißt. Nur dadurch kann der verursachende Stoff, der den Juckreiz erzeugt, den Körper verlassen. Es ist für Ihren Hund eine Reinigung des Körpers, aber eine unangenehme.

Eine weitere Möglichkeit sieht der Organismus im Durchfall. Steigt die Belastung im Körper durch Schlacken derart an, dass sie durch den Organismus nicht mehr bewältigt werden kann, benutzt er ein Notventil, den Durchfall. Hunde verweigern dann jegliches Futter, da der Organismus die Entlastung benötigt. In diesem Fall geben Sie Ihrem Hund Natrium sulfuricum und Wasser. Es hilft dem Organismus, die Schlacken auf dem üblichen Weg durch die Leber umzubauen und über den Dickdarm ausscheidungsfähig zu machen.

Als eine der bedeutungsvollsten Aufgaben entgiftet die Leber das Blut, und für diese Aufgaben benötigt die Leber ihren hauptsächlichen Betriebsstoff, das Natrium sulfuricum. Wenn die Leber und die Galle zu wenig Flüssigkeit, die der Dünndarm benötigt, ausschüttet, verdickt sich der Nahrungsbrei im Darm und bleibt einfach im Darm liegen. Dann kommt es zu chemischen Reaktionen und Gärungsprozessen, die dann Gase produzieren. Wir nennen solche komplizierte Vorgänge schlicht und ergreifend »Blähungen«. Das Hauptproblem liegt ganz einfach darin, dass der Körper unfähig ist, die Schlacken loszuwerden, und deshalb bleiben sie im Bauchbereich gebunden. Geben Sie Ihrem Hund

Natrium sulfuricum und machen nach Möglichkeit noch warme Umschläge mit diesem Mineralstoff, können die Gase den Organismus verlassen.

Bei manchen Hunden stellt der Tierarzt fest, dass die Leberwerte zu hoch sind. Die Leber ist der Abfalleimer eines jeden Organismus. Um die belastenden Stoffe ausscheidbar zu machen, braucht die Leber das Natrium sulfuricum. Bei einem Mangel ist der Organismus gezwungen, die Stoffe in einer Deponie aufzubewahren. Zu diesen Deponien gehören erfahrungsgemäß Warzen, Muttermale und harte Knoten unter der Haut, die sich hin und her schieben lassen und die auch ihre Größe verändern, je nach Größe der benötigten Abfallaufbewahrungsstätten.

Nr. 11 Silicea D 12

Silicea (Kieselerde) befindet sich im Bindegewebe, den Knochen und der Haut. Silicea ist der Mineralstoff, der für den Aufbau des Bindegewebes zuständig ist, im Sinne der Fülle und der Hülle.

Ein Mangel an diesem Mineralstoff zeigt sich, wenn das Fell des Hundes matt und spröde wirkt.

Weiterhin vermindert ein Mangel an Silicea die Leistungsfähigkeit und Widerstandskraft der Nerven. Es entsteht eine Art Gereiztheit. Hauptsächlich wird die Verminderung der Leistungsfähigkeit der Nerven durch Übersäuerung hervorgerufen. Die Übersäuerung verursacht, wie schon bei Nr. 9, Natrium phosphoricum, erwähnt, ein Mangel an diesem Mineralstoff. Dadurch ist der Organismus gezwungen, Silicea zur Bindung von Harnsäure einzusetzen. Dieser Mineralstoff fehlt dann zum Aufbau des Bindegewebes für die Nerven.

Zur Reinigung des Körpers von Säure ist auf jeden Fall Nr. 9, Natirum phosphoricum, und Nr. 11, Silicea, über einen längeren Zeitraum notwendig. Diese beiden Mineralstoffe wirken ergänzend und unterstützend. Wenden Sie diese Mischung bei Ihrem Hund an, wenn Sie merken, dass die Pfoten Ihres Hundes wie Schweißfüße bei uns Menschen riechen.

Hunde können auch einen Bluterguss durch Stoß oder Druck, bedingt durch äußere Einflüsse, bekommen. Hat Ihr Hund einen Silicea-Mangel, entsteht eine andauernde Belastung des Blutes durch zu hohe Säurekonzentration. Und so ist der Organismus gezwungen, zur Bindung der Säuren die benötigten Mineralstoffe aus den Aderwänden zu lösen. Durch diesen Mangel entsteht eine Bindegewebsschwäche, und somit ist es verständlich, dass schon bei leichten Belastungen wie Stoß oder Druck die Wand der Ader bricht und sich somit das Blut im Gewebe verteilt und es zu einem Bluterguss kommt. Um diesen Bluterguss aufzulösen, um das im Gewebe befindliche Blut wieder in den Stoffwechsel aufzunehmen, kann Silicea direkt vor Ort, also auf dem Bluterguss, als Brei eingesetzt werden.

Nr. 12 Calcium sulfuricum D 6

Das Schüßler-Salz Nr. 12, Calcium sulfuricum, ist das Mittel für alle offenen und geschlossenen Eiterungen, egal welcher Art und egal an welchem Ort. Vor allem für Abszesse, nachdem sie sich geöffnet haben. Dieser Mineralstoff ist hauptsächlich in der Leber, der Galle, in den Muskeln, im Herzen, im Gehirn, in der Milz und in den Hoden vorhanden. Dieser Mineralstoff wirkt ausscheidungsfördernd.

Die Ergänzungsmittel im kurzen Überblick

In den meisten Fällen reichen die Mineralstoffe von Nr. 1 bis Nr. 12 vollkommen aus. Doch manchmal benötigt der Organismus noch einen kleinen Anstoß. Das habe ich bei meinen Empfehlungen von A – Z berücksichtigt. Sie können gerne mit den 12 Haupt-Schüßler-Salzen arbeiten, doch wenn Sie merken, dass sich ohne das Erweiterungsmittel nichts verändert, geben Sie dieses bitte Ihrem Hund dazu.

Nr. 13 Kalium arsenicum D 12

Dieser Mineralstoff hat einen Einfluss auf die Umwandlungsprozesse im Körper. Er ist ein Zellreizmittel und hat eine besondere Wirkung gegen Bakterien.

Nr. 14 Kalium bromatum D 12

Hunde, die unter diesem Mineralstoff Mangel leiden, verhalten sich entweder ruhelos und nervös oder sind im Extremfall völlig gleichgültig.

Nr. 15 Kalium Jodatum D 12

Kalium jodatum ist das Schilddrüsenmittel überhaupt. Es ist in fast allen Zellen des Körpers enthalten, beeinflusst die Blutzusammensetzung, dient der Anregung der Herz- und Hirntätigkeit, fördert den Appetit und die Verdauung.

Nr. 16 Lithium chloratum D 12

Dieser Mineralstoff hat eine besondere Wirkung auf gichtisch-rheumatische Erkrankungen mit schmerzhafter Anschwellung und Versteifung der Gelenke.

Nr. 17 Manganum sulfuricum D 12

Manganum sulfuricum dient der Bildung des roten Blutfarbstoffes. Sehr gut anzuwenden bei Hunden mit gichtisch-rheumatischen Beschwerden, die sich bei nasskaltem Wetter verschlimmern.

Nr. 18 Calcium sulfuratum D 12

Sehr gut einsetzbar bei Erschöpfungszuständen mit Gewichtsverlust.

Nr. 19 Curprum arsenicum D 12

Hat sich bei Hunden mit Epilepsie bewährt in Begleitung mit medizinischen Maßnahmen.

Nr. 20 Kalium Aluminium sulfuricum D 12

Wirkt gut bei Verstopfungs- und Blähkoliken. Weiterhin ein gutes Mittel bei Irritationen des Nervensystems.

Nr. 21 Zincum chloratum D 12

Zincum chloratum ist ein konstanter Bestandteil der Zellen und für viele Stoffwechselvorgänge zuständig. Für das Wachstum unentbehrlich.

Nr. 22 Calcium carbonicum D 12

Es ist das Mittel für Hund und Hundehalter bei Erschöpfungszuständen. Wenn Hund und/oder Mensch über seine eigenen körperlichen Möglichkeiten gehen muss, wie zum Beispiel im Rettungsdienst.

Nr. 23 Natrium bicarbonicum D 12

Aktiviert den Stoffwechsel, wenn eine ungenügende Ausscheidung der Schlacken erfolgt. Weiterhin aktiviert dieses Schüßler-Salz die Tätigkeit der Bauchspeicheldrüse.

Nr. 24 Arsenum jodatum D 12

Wirkt bei nässenden Ekzemen, chronischen juckenden Hautausschlägen und Allergien, bei schwer löslichem Auswurf und bei Lungenkrankheiten.

Nr. 25 Aurum chloratum natronatum D 12

Faszinierend bei alten Hündinnen mit Gemütsproblemen.

Nr. 26 Selenium D 12

Ist das Lebermittel. Sehr gute Eigenschaften, um Schwer-
metalle auszuleiten.

Nr. 27 Kalium bichromicum D 12

Gut einsetzbar bei Hunden mit Diabetes.

Die ethischen Grundsätze des Hundefreundes

Grundsatz eins

Wer auch immer sich mit dem Hund beschäftigt, übernimmt die Verantwortung für das ihm anvertraute Lebewesen.

Grundsatz zwei

Die Haltung des Hundes muss seinen natürlichen Bedürfnissen angepasst sein.

Grundsatz drei

Der physischen wie psychischen Gesundheit des Hundes ist, unabhängig von seiner Nutzung, oberste Bedeutung einzuräumen.

Grundsatz vier

Der Mensch hat jeden Hund gleich zu achten, unabhängig von dessen Rasse, Alter und Geschlecht sowie Einsatz in Zucht, Freizeit oder Sport.

Grundsatz fünf

Das Wissen um die Geschichte des Hundes, um seine Bedürfnisse sowie die Kenntnisse im Umgang mit dem Hund sind kulturgeschichtliche Güter. Diese gilt es zu wahren und zu vermitteln und nachfolgenden Generationen zu übermitteln.

Grundsatz sechs

Der Umgang mit dem Hund hat eine persönlichkeitsprägende Bedeutung, gerade für junge Menschen. Diese Bedeutung ist stets zu beachten und zu fördern.

Grundsatz sieben

Der Mensch, der gemeinsam mit dem Hund Sport betreibt, hat sich und das ihm anvertraute Wesen einer Ausbildung zu unterziehen. Ziel jeder Ausbildung ist die größtmögliche Harmonie zwischen Hund und Mensch.

Grundsatz acht

Die Nutzung des Hundes muss sich an seiner Veranlagung, seinem Leistungsvermögen und seiner Leistungsbereitschaft orientieren. Die Beeinflussung des Leistungsvermögens durch medikamentöse sowie nicht hundegerechte Einwirkung des Menschen ist abzulehnen und muss geahndet werden.

Grundsatz neun

Die Verantwortung des Menschen für den ihm anvertrauten Hund erstreckt sich auch auf das Lebensende des Hundes. Dieser Verantwortung muss der Mensch stets im Sinne des Hundes gerecht werden.

Schön, wenn Hundefreunde sich daran halten.

Welches Schüßler-Salz bei welchem Krankheitsbild von A – Z?

Hier finden Sie die Krankheitsbilder mit den empfohlenen Schüßler-Salzen.

Damit es beim schnellen Blättern einfach bleibt, sind die jeweiligen Schüßler-Salze nur mit ihren dazugehörigen Nummern unter »Was« aufgelistet.

Die folgenden Angaben beziehen sich auf einen Hund mit ca. 30 – 40 kg Gewicht.

Die Stückzahl können Sie nach eigenem Ermessen höher oder niedriger dosieren.

Schüßler-Salze auf einen Blick

Name des Schüßler-Salzes	in der empfohlenen Potenz
Nr. 1 Calcium fluoratum	D 12
Nr. 2 Calcium phosphoricum	D 6
Nr. 3 Ferrum phosphoricum	D 12
Nr. 4 Kalium chloratum	D 6
Nr. 5 Kalium phosphoricum	D 6
Nr. 6 Kalium sulfuricum	D 6
Nr. 7 Magnesium phosphoricum	D 6

Nr. 8 Natrium chloratum	D 6
Nr. 9 Natrium phosphoricum	D 6
Nr. 10 Natrium sulfuricum	D 6
Nr. 11 Silicea	D 12
Nr. 12 Calcium sulfuricum	D 6
Nr. 13 Kalium arsenicum	D 12
Nr. 14 Kalium bromatum	D 12
Nr. 15 Kalium jodatum	D 12
Nr. 16 Lithium chloratum	D 12
Nr. 17 Manganum sulfuricum	D 12
Nr. 18 Calcium sulfuratum	D 12
Nr. 19 Cuprum arsenicum	D 12
Nr. 20 Kalium Aluminium sulfuricum	D 12
Nr. 21 Zincum chloratum	D 12
Nr. 22 Calcium carbonicum	D 12
Nr. 23 Natrium bicarbonicum	D 12
Nr. 24 Arsenum jodatum	D 12
Nr. 25 Aurum chloratum natronatum	D 12
Nr. 26 Selenium	D 12
Nr. 27 Kalium bichronicum	D 12

Krankheitsbild = Betriebsstörung von A – Z

Krankheitsbild = Betriebsstörung	Was	Stück
Abmagerung frisst ungewöhnlich viel, aber keine Zunahme	Nr. 2 Nr. 3 Nr. 5 Nr. 6 Nr. 8 Nr. 11	7 7 7 7 7 5
Abzess abgekapselte Eiteransammlung (innerliche Einnahme, zusätzliche äußere Anwendung als Brei)	Nr. 9 Nr. 12	7 7
Allergie Juckreiz, nässende oder trockene Ekzeme, Rötungen, Schwellungen, Erbrechen, Durchfall, Nasenausfluss, Niesen, Husten *Ursachen:* Umwelteinflüsse, Inhaltsstoffe von Dosen- oder Trockenfutter, Insektenstiche, chemische Wurmkuren, Antibiotika, zu viel Medizin	Nr. 3 Nr. 4 Nr. 5 Nr. 6 Nr. 8 Nr. 9 Nr. 10 Nr. 11 Nr. 12 Nr. 24	5 5 5 7 10 7 7 7 5 10
Alte Hunde Kräfte unterstützend	Nr. 3 Nr. 5 Nr. 6 Nr. 8	7 7 7 7

Analdrüsen		
– entzündet	Nr. 3	10
Schlittenfahren,	Nr. 4	8
plötzliches Beißen und Schlecken	Nr. 5	8
am After, läuft seiner Rute nach,	Nr. 6	10
Schmerz bei Berührung des Afters,	Nr. 8	10
übler Geruch bei Kotabsatz		
äußere Anwendung mit Waschungen		
Ursache: Entleerungsmechanismus		
funktioniert nur eingeschränkt		
– verstopft	Nr. 3	10
Verhalten wie oben »entzündet«	Nr. 4	8
Ursache: Sekret wird gestaut,	Nr. 5	8
es kann zur Fistelbildung mit	Nr. 6	10
Entzündungen und zur Vereiterung	Nr. 8	10
kommen	Nr. 9	10
äußere Anwendung mit Waschungen	Nr. 10	10
	Nr. 11	10
	Nr. 12	8
Angst		
Hund braucht Sicherheit durch Begleit-		
person, Training siehe Anhang		
– allgemein	Nr. 1	7
	Nr. 2	7
	Nr. 4	7
	Nr. 5	7
	Nr. 7	7
	Nr. 9	7
	Nr. 11	7

Angst		
– steht unter Strom	Nr. 7	7
	Nr. 14	4
	Nr. 15	4
– Trauma	Nr. 2	7
	Nr. 7	7
	Nr. 12	5
– fremde und/oder laute Geräusche	Nr. 11	7
– Angst immer in gleicher Situation	Nr. 2	7
seelische Störungen durch Fehl-	Nr. 7	7
verhalten einer Person	Nr. 11	7
Aggression	Nr. 12	5
– gegen Artgenossen	Nr. 2	7
	Nr. 7	7
	Nr. 11	7
	Nr. 12	5
	Nr. 14	5
Aggression	Nr. 2	7
– gegen Artgenossen und Menschen	Nr. 4	5
	Nr. 5	5
	Nr. 6	5
	Nr. 7	7
	Nr. 8	5
	Nr. 11	7
	Nr. 12	5
	Nr. 14	5

Arthritis		
Gelenke geschwollen,	Nr. 1	5
warme bis fiebrige Abstrahlung der	Nr. 3	15
Haut, keine Probleme beim Aufstehen,	Nr. 4	5
jedoch Lahmen im weiteren Verlauf	Nr. 5	7
der Bewegung, oft ein bestimmtes	Nr. 6	10
Gelenk, aber auch an mehreren	Nr. 8	10
gleichzeitig (Polyarthritis),	Nr. 9	10
Verschlimmerung bei Wärme	Nr. 10	10
Ursache: Vorausgehende schwere	Nr. 11	10
Entzündung im Organismus, evtl.		
Folge von Verletzung		
Wichtig! Viel Ruhe, nur kurze Spazier-		
gänge!!!		
Arthrose	Nr. 1	7
Probleme beim Aufstehen,	Nr. 2	7
zu Beginn der Bewegung	Nr. 3	10
Verschlimmerung bei Kälte u. Nässe	Nr. 5	7
Ursache: Verschleiß	Nr. 8	10
Atemnot		
– als Folge eines Unfalls	Nr. 3	10
sofort zum Tierarzt	Nr. 5	10
	Nr. 6	10
	Nr. 8	10
	Nr. 12	10
– Schilddrüse vergrößert	Nr. 3	7
hüsteln, Kropf	Nr. 5	7
tierärztliche Untersuchung	Nr. 6	7
	Nr. 8	7
	Nr. 15	7

Atemnot		
– Bronchitis, Lungenerkrankung	Nr. 2	7
Husten, hohes Fieber,	Nr. 3	7
teilnahmslos, apathisch	Nr. 4	7
	Nr. 5	7
	Nr. 6	10
	Nr. 7	7
	Nr. 8	10
	Nr. 11	7
	Nr. 12	7
	Nr. 22	5
– Herzerkrankungen	Nr. 1	5
Husten, schnell müde,	Nr. 2	5
bläulich verfärbte Schleimhäute	Nr. 3	5
sofort Tierarzt	Nr. 5	5
	Nr. 6	5
	Nr. 7	10
	Nr. 8	5
	Nr. 11	5
Augen		
– Bindehautentzündung	Nr. 3	8
beide Augen tränen,	Nr. 4	8
gerötete u. geschwollene Bindehäute,	Nr. 6	10
Augen morgens verklebt, Tränenfluss	Nr. 8	8
ist klar, wässrig, evtl. wundmachend,	Nr. 9	8
lichtempfindlich, Augen jucken	Nr. 11	8
Ursache: Zugluft, Gerstenkörner,	Nr. 12	5
Fremdkörper wie Staub u. Schmutz,		
erbliche Verengung oder Verschluss		
des Tränen- und Nasenkanals		
äußerlich Waschungen		

Augen		
– Gerstenkorn, Hagelkorn	Nr. 4	7
Augen tränen, gerötet,	Nr. 6	7
Reibeeffekt durch Lidschlag,	Nr. 9	7
Jucken der Augen	Nr. 10	7
Ursache: Entzündung oder	Nr. 11	7
Vereiterung der Drüsen am Lidrand	Nr. 12	5
– Tränenfluss gelblich, eitrig	Nr. 6	8
	Nr. 10	8
	Nr. 12	5
Tränenfluss wässrig	Nr. 8	8
Autofahren		
– Angst	Nr. 2	10
	Nr. 7	7
– Erbrechen	Nr. 2	8
	Nr. 3	8
	Nr. 5	8
	Nr. 7	10
	Nr. 9	10
Bändererschlaffung	Nr. 1	7
Zittern der Läufe	Nr. 11	7
Bandscheibenvorfall	Nr. 1	10
Schmerzen im Bewegungsapparat,	Nr. 2	10
manchmal fast schlagartige Lähmung	Nr. 3	20
Ursache: Abnutzungserscheinung im	Nr. 5	10
Wirbelsäulenbereich, häufig	Nr. 6	10
altersbedingt, kann aber auch durch	Nr. 8	10
schnelle, hektische Bewegung	Nr. 9	10
hervorgerufen werden	Nr. 10	10
	Nr. 11	10

Bauchwassersucht	Nr. 3	7
Hund magert ab,	Nr. 5	7
doch Bauch auffallend dick,	Nr. 6	7
vermehrtes Saufen, Urin hat	Nr. 7	7
milchige Farbe, wenn Krankheit	Nr. 8	10
fortgeschritten, riecht es aus dem	Nr. 9	10
Fang nach Urin	Nr. 11	7
Ursache: Nierendegeneration	Nr. 23	7
Bindehautentzündung *siehe Augen*		
Bissverletzung	Nr. 3	20
Tierarzt zum Nähen	Nr. 5	20
	Nr. 6	10
Blähungen	Nr. 10	7
Blasenentzündung	Nr. 3	10
geringere Menge Urin,	Nr. 4	7
manchmal auch Fieber, Mattigkeit,	Nr. 6	10
Appetitlosigkeit, Erbrechen	Nr. 8	7
	Nr. 16	7
Bluterguss	Nr. 1	3
Schwellung unter der Haut	Nr. 3	3
Ursache: Stoß oder Schlag	Nr. 4	3
Mineralstoffbrei auflegen	Nr. 11	5
	Nr. 12	5
Blutungen	Nr. 3	10
stillen, nach Möglichkeit als Breiver-	Nr. 3	20
band auflegen	Nr. 5	10

Borreliose *Ursache:* Übertragung durch Zeckenbiss oder sonstige Insektenstiche	Nr. 3 Nr. 8 Nr. 10 Nr. 24	10 8 10 8
Bronchitis *siehe Atemnot*		
Dackellähme *siehe Bandscheibenvorfall*		
Darmparasiten *siehe Würmer*		
Diäten **– bei Allergie** Abwehrreaktion des Körpers gegen gewisse Stoffe. Giftstoffe müssen raus, Mineralstoffe rein	Nr. 2 Nr. 3 Nr. 4 Nr. 8 Nr. 10 Nr. 21 Nr. 24	10 5 5 15 10 5 7
– bei Bauchspeicheldrüsenerkran- kung	Nr. 6 Nr. 10 Nr. 21 Nr. 23	8 8 5 5

Diäten

– bei Gastritis	Nr. 3	10
Magenschleimhautentzündung	Nr. 4	5
morgens nüchtern Erbrechen	Nr. 6	7
von gelblichem Schleim,	Nr. 7	5
Allgemeinzustand gut, wenig Appetit,	Nr. 8	10
häufiges Grasfressen, oft Aufstoßen,	Nr. 9	10
Zunge evtl. grau-schmutziger Belag,		
vermehrt Durst, speichelt, Zittern		
der Glieder		
Ursache: verdorbenes Futter, Vergiftungen, Stress, toxische Belastungen		
– bei Lebererkrankungen	Nr. 3	5
die Leber, Stoffwechselzentralorgan,	Nr. 4	5
wichtigstes Entgiftungsorgan;	Nr. 5	5
Appetitlosigkeit;	Nr. 6	5
Hilfsausscheidungsorgane Haut und	Nr. 9	5
Ohren, trockenes Ekzem,	Nr. 10	10
Juckreiz, Schuppen; Kot ist von	Nr. 11	5
heller, graugelblich lehmiger Farbe;	Nr. 21	5
Erbrechen von Gelblichem;	Nr. 26	5
Schwäche, Depression, Desinteresse		
– bei Magen und Darmerkrankung	Nr. 3	10
Erbrechen, Durchfall	Nr. 4	6
	Nr. 6	6
	Nr. 8	10
	Nr. 9	10
	Nr. 10	10

Diäten		
– bei Nierenerkrankung	Nr. 2	10
Fieber, Abgeschlagenheit,	Nr. 3	10
vermehrter Durst,	Nr. 4	7
nässende Ekzeme, Haarausfall,	Nr. 5	10
Ohrenentzündung, meistens links,	Nr. 8	7
stumpfes Fell, steifer Gang	Nr. 9	7
Ursache: eine toxische Überlastung	Nr. 16	7
– bei Steinleiden		
• Steine bereiten Schmerzen	Nr. 7	7 – 10
• Steine werden abgebaut	Nr. 2	5
	Nr. 3	8
	Nr. 7	5
	Nr. 9	5
	Nr. 11	5
• Steinbildung verhindern	Nr. 9	3 – 8
– bei Zuckerkrankheit	Nr. 4	5
gesteigertes Durstgefühl,	Nr. 6	8
häufiges Harnlassen,	Nr. 10	8
glanzloses Fell, im Verlauf kommt es	Nr. 21	5
zu Juckreiz, Erbrechen, Apathie,	Nr. 27	5
beschleunigtem Atem, Linsentrübung		
bis Blindheit		
Ursache: Funktionsstörung der		
Bauchspeicheldrüse		

Diäten		
– bei übergewichtigen Hunden	Nr. 2	8
auf Futter im mineralischen	Nr. 4	8
Gleichgewicht achten	Nr. 6	8
	Nr. 9	8
	Nr. 10	8
	Nr. 11	8
	Nr. 12	8
Durchfall	Nr. 3	10
Konsistenz, Farbe u. Geruch	Nr. 9	10
Ursache: Fütterungsfehler, bei Fertig-		
futter bitte unbedingt auf Zusammen-		
setzung achten, da Fertigfutter auch		
chemische Substanzen enthalten		
Ekzem		
trockene, schuppige Haut	Nr. 3	5
oder nässende, eitrige Haut,	Nr. 4	5
Juckreiz an betreffenden Stellen	Nr. 5	5
oder am ganzen Körper	Nr. 6	5
Ursache: Stoffwechselstörungen,	Nr. 8	5
Entgiftungsorgane wie Niere und	Nr. 9	5
Leber sind überlastet	Nr. 10	5
Baden in Mineralstoffmischung	Nr. 11	5
sinnvoll, nur wenn Hund Wasser	Nr. 12	5
gefällt, sonst nein		
Energiemischung	Nr. 3	8
	Nr. 5	10
	Nr. 6	8
	Nr. 8	10 – 15
	Nr. 10	8
	Nr. 22	5

Epilepsie Krampfanfälle, die sich wiederholen, Pupillen geweitet, fällt hin, streckt die Gliedmaßen krampfend von sich, Muskelzucken, mit den Beinen schlagen, schaumiger Speichel, Harn und Kot kann spontan entleert werden, Hund bewusstlos	Nr. 2 Nr. 3 Nr. 4 Nr. 5 Nr. 6 Nr. 7 Nr. 8	12 10 7 12 7 15 7
Ernährung des jungen Hundes unterstützend	Nr. 1 Nr. 2 Nr. 21	7 – 10 7 – 10 5 – 7
Fellwechsel Stoffwechsel unterstützend	Nr. 1 Nr. 3 Nr. 5 Nr. 11	7 7 7 7
Fettgeschwulst (Lipome) abgekapselte Geschwulst	Nr. 9	5
Fettsucht dicker Bauch oder überall am Körper dick	Nr. 9 Nr. 27	10 7
Gerstenkorn (Hagelkorn) Augen tränen, gerötet, jucken *Ursache:* am Lidrand befindliche Drüsen sind verklebt, entzündet, oder vereitert	Nr. 3 Nr. 4 Nr. 9 Nr. 11	4 4 8 4

Gesäugeentzündung	Nr. 3	7
weiche oder harte	Nr. 4	7
geschwollene Milchdrüse oder	Nr. 6	5
Milchleiste	Nr. 8	5
warm, heiß, gerötet,	Nr. 10	5
evtl. Flüssigkeitsabsonderung aus	Nr. 12	3
der Milchdrüse		
Ursache: Infektion, Schlag oder Stoß		
Geschlechtstrieb		
– vermehrt beim Rüden		
wollen nach draußen, jaulen,	Nr. 9	5
winseln, vermehrte Aufnahme von	Nr. 11	5
Düften, ständiger Versuch,		
Hündinnen zu besteigen,		
belecken ständig ihren Penis		
– vermehrt bei Hündinnen		
jedes sich bietende	Nr. 9	5
Menschenbein wird begattet	Nr. 11	5
Ursache: meistens angeboren		
Gesundheitsvorsorge		
Die Gesundheit des Hundes umfasst		
viele Aspekte. Dazu gehören die		
Fütterung, die Bewegung, die Beschäf-		
tigung, die Haltung, die Vorbeugung		
und die Zucht.		
	Nr. 1	5
	Nr. 2	5
	Nr. 3	5
	Nr. 4	5
	Nr. 5	5
	Nr. 6	5

Gesundheitsvorsorge		
	Nr. 7	5
	Nr. 8	5
	Nr. 9	5
	Nr. 10	5
	Nr. 11	5
	Nr. 12	5
Haarausfall	Nr. 3	7
außerhalb des normalen	Nr. 6	7
Fellwechsels	Nr. 8	8
Ursache: Stoffwechselstörung	Nr. 10	10
	Nr. 21	5
	Nr. 23	5
	Nr. 26	7
Harnträufeln	Nr. 1	10
Harn läuft, meist beim Liegen,	Nr. 3	15
aus der Harnröhre	Nr. 5	12
Ursache: im Alter nervlich-motorische	Nr. 6	8
Störungen, oder eine Harnwegsent-	Nr. 8	15
zündung, in jedem Alter möglich,	Nr. 9	10
nach Kastration auch möglich	Nr. 11	12
	Nr. 12	5
	Nr. 16	5
Hautabschürfung	Nr. 3	5
Haare fehlen,	Nr. 5	7
Haut abgeschürft	Nr. 6	5
Ursache: Stoß oder Schlag	Nr. 8	5

Herzschwäche bei gewohnten Anstrengungen schnelle Ermüdung und nachlassende Leistung, Hund atmet schnell und schwer	Nr. 1 Nr. 2 Nr. 3 Nr. 5 Nr. 7 Nr. 11	5 5 7 7 7 5
Hitzschlag Hund stürzt plötzlich zu Boden, Puls beschleunigt, Fieber oder weißlich verfärbte Schleimhäute *Ursache:* zu viel Hitze ***Sofortmaßnahme:*** Hund in Schatten oder kühlen Raum bringen, nach Möglichkeit seinen Körper mit nassen Tüchern bedecken, Mineralstoffe als Brei in die Schnauze schmieren ***Notfall: sofort Tierarzt rufen***	Nr. 3 Nr. 8	20+ 20+
Hoden Entzündung schmerzhaft, Hund läuft breitbeinig und steif *Ursache:* Folge von Verletzung oder Infektion Mineralstoffbrei auflegen	Nr. 2 Nr. 4 Nr. 5 Nr. 6	7 7 7 7

Husten
– Auswurf
  • gelblich
  • grünlich
  • honiggelb
  • klar
  • weiß
	
	Nr. 6
	Nr. 10
	Nr. 9
	Nr. 8
	Nr. 4
		
		5
		5
		5
		5
		5

– durch Entzündung	Nr. 3	7
von Rachen, Kehlkopf, Luftröhre	Nr. 4	5
oder Mandeln	Nr. 5	5
Sofortmaßnahme: Ruhe,	Nr. 6	5
keine Zugluft, Kälte oder Nässe	Nr. 8	5
	Nr. 9	5
	Nr. 12	5
– durch Erkältung	Nr. 3	10
Stärkung des Immunsystems	Nr. 5	7
	Nr. 8	7
– schleimig-eitriger Auswurf	Nr. 4	7
	Nr. 6	7
	Nr. 8	7
	Nr. 9	5
	Nr. 10	7
	Nr. 11	5
	Nr. 12	5
– trocken	Nr. 8	7
evtl. Halsband zu fest,		
Druck löst Hustenreiz aus		
Impfung	Nr. 2	3
Vorbeugung gegen Folgeschäden	Nr. 3	5
als Begleitung	Nr. 4	7
	Nr. 5	5
	Nr. 6	5
	Nr. 8	7

Insektenstiche	Nr. 2	5
Beulen sichtbar auf der Haut	Nr. 4	5
Ursache: Stoffwechsel belastet,	Nr. 8	5
Übersäuerung		
Mineralstoffbrei auflegen		

Juckreiz
– am Auge
  siehe unter Gerstenkorn, Hagelkorn
– am Ohr
  siehe unter Ohrrandekzem
– im Fell
  siehe unter
  Allergie
  Parasiten
  Fehlernährung

Junge Hunde wachstumsunterstützend	Nr. 1	4
	Nr. 2	4
	Nr. 3	5
	Nr. 5	4
	Nr. 6	3
	Nr. 8	4
	Nr. 11	4
	Nr. 22	3

Kastration	Nr. 1	5
begleitend zur Wundheilung	Nr. 2	5
und Verträglichkeit der Operation	Nr. 3	10+
	Nr. 5	7
	Nr. 6	5
	Nr. 8	7
	Nr. 11	5
	Nr. 22	5

Knochenaufbau
siehe junge Hunde

Knochenauswüchse
siehe Überbein

Krampfanfälle		
– im Bauchbereich	Nr. 7	10
berührungsempfindlich am Bauch	Nr. 10	10
Ursache: Blähungen wegen falscher		
Fütterung		
– nach Impfung		
nach Impfung treten	Nr. 2	8
Krampfanfälle auf	Nr. 3	8
Ursache: Überreaktion auf das	Nr. 4	10
Impfserum	Nr. 5	8
	Nr. 6	8
	Nr. 8	10
	Nr. 26	7
– um die Gelenke	Nr. 2	8
Muskulatur um die betroffenen		
Gelenke zieht sich zusammen,		
Ursache: Mineralstoffmangel		

Knochenbruch	Nr. 1	10
	Nr. 2	10
	Nr. 3	10
	Nr. 5	10
	Nr. 11	10
	Nr. 22	5
Läufigkeit	Nr. 2	10
unregelmäßig,	Nr. 14	7
öfter oder gar nicht läufig	Nr. 15	7
Ursache: Schwankungen im	Nr. 21	7
Hormonhaushalt	Nr. 25	5
Läuse	Nr. 3	5
Hund kratzt und knabbert,	Nr. 4	5
Läuse sind erkennbar,	Nr. 5	5
knacken beim Zerdrücken,	Nr. 6	5
Läuseeier (Nissen) kleben im Fell	Nr. 8	7
Ursache: Parasiten befallen	Nr. 9	10
bevorzugt einen stoffwechsel-	Nr. 10	10
gestörten Organismus, sauer,	Nr. 11	5
vergiftet und verschlackt	Nr. 12	5
	Nr. 26	3
Lähmungen jeglicher Art	Nr. 3	10
	Nr. 5	15+
	Nr. 8	10

Lebererkrankungen die Leber ist das Stoffwechelzentralorgan, Schleimhäute und Augäpfel verfärben sich gelb, Hilfsausschei- dungsorgane: Haut und Ohren *Ursache:* Infektion durch Viren oder Bakterien	Nr. 3 Nr. 5 Nr. 6 Nr. 8 Nr. 10 Nr. 12 Nr. 22 Nr. 26	10 10 10 10 10 7 5 7
Lymphdrüsenschwellung *Mineralstoffgabe alle 2 Minuten*	Nr. 2 Nr. 4 Nr. 7 Nr. 9 Nr. 12	7 7 5 10 3
Magenschleimhautentzündung *siehe bei Diäten Gastritis*	Nr. 3 Nr. 4 Nr. 6 Nr. 7 Nr. 8 Nr. 9	10 5 7 5 10 10
Mandelentzündung	Nr. 2 Nr. 3 Nr. 4 Nr. 9 Nr. 11 Nr. 12	3 8 5 8 7 5

Maulgestank		
durch Zahnfleischentzündung	Nr. 3	8
aus Maul übel riechend	Nr. 5	5
Rötung am Zahnfleischrand	Nr. 6	5
Verdickung der Zahnfleischleisten	Nr. 9	5
Ursache: Verletzung, schlechter Zahn	Nr. 10	5
	Nr. 11	5
	Nr. 12	3
Milben		
mit bloßem Auge kaum oder	Nr. 3	5
nicht zu erkennen	Nr. 4	5
Schnauze wird bevorzugt befallen,	Nr. 5	5
auch die Zehen des Hundes,	Nr. 8	7
kleine rötliche Punkte, erkennbar	Nr. 9	10
auch an Oberschenkelinnenfläche,	Nr. 10	10
Bauch und Geschlechtsteile	Nr. 11	7
Ursache: Stoffwechselüberbelastung	Nr. 12	5
	Nr. 26	5
Milchmangel		
Muttertier kann die Welpen	Nr. 4	10
nicht ausreichend versorgen	Nr. 8	10
Ursache: falsche Ernährung		
während der Trächtigkeit,		
hormonelle Funktionsstörungen		
Muskelkater		
beim Aufstehen Probleme	Nr. 3	7
Ursache: Überanstrengung der	Nr. 5	5
Muskulatur	Nr. 6	10
	Nr. 7	7
	Nr. 8	5

Narben	Nr. 1	7
– verhärtet	Nr. 5	5
	Nr. 8	7
– Wundheilung fördern	Nr. 1	7
	Nr. 3	7
	Nr. 5	5
	Nr. 8	5
	Nr. 9	5
	Nr. 11	5
Narkose		
unterstützt die Ausscheidung der Nar- kosemittel	Nr 4	12
	Nr. 8	8
	Nr. 10	8
Nasenausfluss		
– gelb grün	Nr. 6	7
	Nr. 10	7
– schleimig gelb	Nr. 6	8
– wässrig mild	Nr. 8	7
– wundmachend	Nr. 9	5
	Nr. 10	7
	Nr. 11	5
– zähflüssig eitrig	Nr. 9	7
	Nr. 12	5

Nervenentzündung		
Hund vermeidet	Nr. 2	5
jede Bewegung, sehr berührungs-	Nr. 3	10
empfindlich, kann schnappen	Nr. 4	5
wegen Schmerz	Nr. 5	5
	Nr. 6	7
	Nr. 8	5
	Nr.9	7
	Nr. 10	7
	Nr. 11	5
	Nr. 12	5
	Nr. 26	3
Nieren		
– Degeneration		
siehe Bauchwassersucht		
– Entzündung	Nr. 2	7
Fieber, Abgeschlagenheit,	Nr. 3	12
vermehrten Durst, nässende	Nr. 4	7
Ekzeme, Ohrentzündung	Nr. 5	10
Druck auf Nierengegend schmerzt	Nr. 8	10
Ursache: toxische Überlastung	Nr. 9	10
Sofortmaßnahme: *Futterqualität*	Nr. 16	5
überprüfen		
– Steine – Steinabbau	Nr. 2	5
Schmerzen beim Harnabsatz	Nr. 3	7
Ursache: toxische Überlastung	Nr. 7	5
Sofortmaßnahme: *Futterqualität*	Nr. 9	5
überprüfen	Nr. 11	5

Ohrrandekzem	Nr. 3	7
Wunden am Ohrrand	Nr. 4	5
Ursache: Stoßen, Beißen, Parasitenbefall	Nr. 5	5
	Nr. 6	8
	Nr. 8	5
	Nr. 9	8
	Nr. 10	8
	Nr. 11	8
	Nr. 12	5

Operationen
– Vorsorge
  siehe unter Narkose
– Nachsorge
  siehe unter Narkose

Parasiten
siehe unter Läuse oder Milben

Pfotenbeißen		
– alle Pfoten	Nr. 2	5
äußerlich nichts ersichtlich	Nr. 7	7
Ursache: Hund fühlt sich vernachlässigt	Nr. 11	7
auch als Brei auflegen		
– an einer bestimmten Stelle	Nr. 1	5
Bezirk gerötet	Nr. 3	7
und geschwollen	Nr. 5	7
Ursache: Verletzung	Nr. 6	5
auch als Brei auflegen	Nr. 8	5
	Nr. 11	5

– nur die Vorder- oder Hinterpfoten	Nr. 3	7
durch permanenten mechanischen	Nr. 6	7
Reiz bilden sich Entzündungen	Nr. 8	5
Ursache: Stoffwechselfunktions-	Nr. 9	5
störungen	Nr. 10	5
auch als Brei auflegen	Nr. 11	5
	Nr. 12	3
	Nr. 16	5
	Nr. 23	3
	Nr. 26	3
Pfotenbeißen		
– vermehrt zwischen den Zehen	Nr. 3	8
kleine rötliche Punkte erkennbar	Nr. 4	5
Ursache: Stoffwechselüberbelastung	Nr. 5	5
auch als Brei auflegen	Nr. 6	8
	Nr. 8	7
	Nr. 9	10
	Nr. 11	10
	Nr. 12	5
	Nr. 26	3

Räudemilben
schuppiger Hautausschlag mit Haarausfall, oder eit-
rige Infektionen, häufig an den Vorderläufen, Ohr- und
Augenbereich, Schwanzpartie, teils starken Juckreiz,
Ursache: Immunsystem und Stoffwechsel gestört
siehe unter Milben

Scheinträchtigkeit	Nr. 1	3
Verhalten nach Hitze ändert sich,	Nr. 4	5
fängt an, ein Nest zu bauen,	Nr. 7	7
wird überanhänglich	Nr. 11	5
Ursache: Funktionsstörungen der		
Eierstöcke, der Gebärmutter oder		
Hypophyse		

Schlittenfahren		
siehe unter Analdrüsen		

Schuppen		
– fettig	Nr. 4	5
fettige, schmierige Haut	Nr. 6	7
Ursache: Leberstoffwechsel	Nr. 9	8
	Nr. 10	7
– trocken	Nr. 21	3
Hautschuppen	Nr. 26	3
über den ganzen Körper verteilt		
oder nur an bestimmten Stellen,	Nr. 1	7
Schuppen klein und trocken	Nr. 4	7
Ursache: Fehlernährung, allergische	Nr. 5	8
Reaktion, Drüsenorganstörungen	Nr. 8	8
	Nr. 24	5
– weiß	Nr. 4	10
Hautschuppen an bestimmten		
Stellen oder über den Körper verteilt		
Ursache: Drüsenfunktionsstörung		

Sonnenstich		
siehe unter Hitzschlag		

Steine – Steine bereiten Schmerzen	Nr. 7	7 – 10
– Steine werden abgebaut	Nr. 3 Nr. 5 Nr. 6 Nr. 8 Nr. 9	5 8 5 5 5
– Steinbildung verhindern	Nr. 9	3 – 8
Speicheln im Überfluss	Nr. 8	7
Sterilisation *siehe unter Kastration*		
Stinken Übler Geruch *Ursache:* Stoffwechselüberbelastung **Sofortmaßnahme:** *Futterqualität über-* *prüfen*	Nr. 3 Nr. 5 Nr. 6 Nr. 8 Nr. 9 Nr. 10 Nr. 11 Nr. 12 Nr. 21 Nr. 23 Nr. 26	5 7 5 7 8 8 8 5 3 3 5

Trächtigkeit begleitend	Nr. 1	3
	Nr. 2	3
	Nr. 3	5
	Nr. 4	3
	Nr. 5	5
	Nr. 7	5
	Nr. 8	5
	Nr. 9	5
	Nr. 10	5
	Nr. 11	5
	Nr. 12	3
Trinken **– viel** *Sofortmaßnahme: auf Diabetes testen lassen*	Nr. 8	7+
– wenig	Nr. 8	7+
Überbein	Nr. 1	7
	Nr. 11	5
Verbrennungen *auch als Brei auflegen*	Nr. 3	30+
	Nr. 8	20+

Vergiftung
starkes Speicheln, Schäumen, Erbrechen
Ursache: Giftaufnahme
Sofortmaßnahme: 1 Teelöffel Salz in 50 ml Wasser auflösen und dem Hund mit einer Spritze einflößen, damit lösen Sie Erbrechen aus.
Sofort Tierarzt
anschließend Mineralstoffgrundversorgung mit
Nr. 1 – 12, je 3 – 5 Mineralstofftabletten

Verstopfung keinen oder nur wenig Kotabsatz *Ursache:* Fütterungsfehler, zu viel Knochen, zu wenig Ballaststoffe, alleinige Trockenfuttergabe, zu wenig Flüssigkeit (welche im Nass- futter enthalten ist), zu wenig Wasser	Nr. 3 Nr. 4 Nr. 6 Nr. 7 Nr. 8 Nr. 10	5 5 5 7 7 5
Warzen kleine Erhebung auf der Haut, wird immer größer *Ursache:* erbliche Belastung, altersbe- dingte Gewebeschwäche, Mineralstoff- mangel *auch als Brei auflegen*	Nr. 4 Nr. 10	5 7
Wehenschwäche 2 – 3 Stunden liegt die Hündin in den Wehen, doch noch ist kein Welpe ge- boren *Ursache:* Hormonstörung, Mineral- stoffmangel	Nr. 5 Nr. 7	10+ 10+
Wunden durch Verletzungen *auch als Brei auflegen*	Nr. 3 Nr. 5	10+ 10+

Würmer		
– Bandwürmer	Nr. 9	10
Juckreiz am After, Hund magert	Nr. 10	20
trotz vielem Fressen ab, gelegentlich		
Durchfall, 5 – 10 mm große weißliche		
Rechtecke im Kot und um den After		
zu erkennen		
Ursache: Verzehr von rohem		
infiziertem Fleisch, auch Ratten und		
Mäuse, die gefressen wurden		
– Hakenwürmer	Nr. 3	5
Schleimhäute blass,	Nr. 5	5
Durchfall	Nr. 6	5
	Nr. 8	5
	Nr. 9	20
	Nr. 10	10
– Peitschenwürmer	Nr. 3	8
Hund sehr schwach,	Nr. 5	8
Durchfall blutig	Nr. 6	7
Peitschenwürmer im Kot	Nr. 8	8
	Nr. 9	10
	Nr. 10	10
	Nr. 22	5

Würmer		
– Spulwürmer	Nr. 3	7
Abmagerung trotz	Nr. 5	7
ausreichendem Futter, Durchfall	Nr. 6	7
mit Blähungen, Erbrechen, später	Nr. 8	7
kann Bronchitis oder Lungenent-	Nr. 9	20
zündung kommen, 10 – 15 cm	Nr. 10	20
lange Würmer im Kot erkennbar		
Ursache: rohes, infiziertes Fleisch,		
Spulwürmer leben im Dünndarm		
des Hundes, Bronchitis oderLungen-		
entzündung kann durch Einwandern		
der Spulwürmer in die Lunge ausge-		
löst werden		
Zahnfleischentzündung		
siehe unter Maulgestank		
Zahnungsprobleme	Nr. 1	5
	Nr. 3	7+
	Nr. 5	5
	Nr. 8	5
Zahnstein	Nr. 9	7
Zähneknirschen	Nr. 2	5
Zecken		
– Vorbeugung	Nr. 3	6
das Immunsystem stärken	Nr. 5	7
	Nr. 8	7
	Nr. 21	5

Zeckenbiss		
auch als Brei auflegen	Nr. 2	5
	Nr. 3	7
	Nr. 8	7
	Nr. 10	7
	Nr. 24	5
Zuckerkrankheit		
siehe unter Diäten bei Zuckerkrankheit		

Ge-Danke-n

An meine Tochter Kim-Stella und ihr Bernhardiner-Leonberger-Mixmädchen Iggy ein herzliches Dankeschön für das gelungene Titelfoto. Des Weiteren Dank an meine Familie, meine Eltern und Schwiegereltern, ohne die es mir nicht möglich gewesen wäre, dieses Buch zu veröffentlichen.

Danke allen Hundehaltern, die mich auf diesem Weg Erfahrungen zu sammeln, begleitet haben und mir ihren Liebling für die Testphasen zur Verfügung stellten.

Und nicht zuletzt, mein Dank an Falk, denn auf sein Drängen ist dieses Buch entstanden.

Nützliche Adressen

Heike Ochel-Herwig
Mineralstoffberaterin der Biochemie nach Dr. Schüßler
Ernährungsberaterin für Hund und Pferd
Vorträge und Seminare
Sommerstraße 58
D-57339 Erndtebrück – Birkelbach
Fon 0049 (0)2753.5099355
Fax 0049 (0)2753.5099358
E-Mail info@schuessler-mineralsalze.de
www.schuessler-mineralsalze.de

Günter Herwig
Umwelttechnologie Berater
Verbessert Wasser- und Lebensqualität
Hausuntersuchungen und Vorträge
Sommerstraße 58
D-57339 Erndtebrück – Birkelbach
Fon 0049 (0)2753.5099356
Fax 0049 (0)2753.5099358
E-Mail herwig.guteswasser@web.de

Margit Müller-Frahling
Institut für Biochemie nach Dr. Schüßler
Untere Kampstraße 23
D-59846 Sundern
Tel.: 0049 (0)2933 79710
Fax: 0049 (0)2933 79711
info@institut-fuer-biochemie.de
www.antlitzanalyse.de